유대감과 영어, 놀이를 한 번에
유쾌한 집콕 영어 학습법!

엄마와 함께 집콕 영어놀이

유대감과 영어, 놀이를 한 번에
유쾌한 집콕 영어 학습법!

엄마와 함께 집콕 영어놀이

안지희 지음

벗나래

머리말

매일 웃음이 끊이지 않는, 즐거운 영어 경험을 선물하세요

영유아 시기는 모든 발달 영역의 기초를 형성하는 결정적 시기입니다. 특히 이 시기에 아이들은 '놀이'라는 즐거운 활동을 통해 많은 것을 흡수합니다. 놀이는 유용한 자극을 주는 '부모'와 함께 할 때 안정적으로 애착이 형성됩니다. 안정적인 애착은 아이의 호기심과 창의 능력을 자극하고, 놀이는 긍정적인 정서를 유발해 보다 적극적인 학습자로 이끕니다.

어린아이들은 부모와 집 안에서 노는 것만으로도 충분히 즐거워합니다. 따라서 짧더라도 그 순간만큼은 신나게 놀도록 해 아이가 무한한 상상력과 창의성을 기를 수 있도록 충분한 시간을 주어야 합니다. 그래서 맞벌이인 우리 부부는 퇴근 후 짧은 한두 시간이지만 아이와 최대한 함께 즐기고 놀기로 마음먹었습니다.

모든 부모가 아이와 함께 즐기고 놀면서 발달에 맞는 학습도 골고루 이루어지기를 희망할 것입니다. 저는 지극히 평범한 우리 집 아이와 3세 때부터 매일 저녁 엄마표 영어 인풋(input)을 했습니다. 평소에 아이가 요구하는 것들은 전부 영어로 말해야 들어주었습니다. 가령 "Turn on(off) the air conditioner(light)"라고 해야 에어컨을 틀어주고, 불을 켜주었습니다. "Please give me water"라고 해야 물을 갖다 주었습니다. 일상에서 기본적으로 사용하는 "Let's take a shower", "Brush your teeth", "Have dinner(lunch)", "Get on(off) the car" 등의 표현들도 자동으로 익히도록 했습니다.

그 결과 아이는 몇 개월 만에 엄마의 간단한 문장을 이해하고 단어로 답해주었으며, 지금은 영어 문장으로 질문과 답도 합니다. 물론 더 긴 문장을 이해하고 우리말처럼 자유롭게 대화하려면 훨씬 많은 시간이 걸릴 것입니다. 하지만 분명한 것은 우리 아이가 유아기에 즐거운 놀이로 시작해 자연스럽게 영어라는 언어를 흡수되게 되었다는 것입니다.

이 책은 그 과정이 얼마나 중요하고 의미 있는지, 얼마나 교육적 효과가 큰지 보여주기 위해 쓴 것입니다. 이 책은 유아기 때의 엄마표 영어에 초점이 맞춰져 있습니다. 특히 코로나로 인해 학습지, 영어 유치원, 학원 등을 고민하는 부모님들이 많을 것입니다. 저는 매일 30분 동안 영어로 놀아주는 것이 그보다 훨씬 효과적이라고 확신합니다.

영어를 알지 못하는, 또는 영어를 포기한 부모님이 대다수일 것입니다. 하지만 소중한 아이를 위해 유아기 때 책에 나온 활동을 하루에 한 개씩만 영어로 공부하고 함께 놀이로 즐기면 어떨까요? 집 안에 웃음이 넘치고, 아이와 부모가 어느새 영어로 술술 대화하고 있음을 느끼게 될 것입니다. 또한 아이가 영어로 말하기 시작할 때의 그 뿌듯함과 기쁨이란 이루 말로 표현할 수 없을 것입니다. 한번 상상해보세요.

제가 아이와 함께 한 놀이를 이 책에 모두 담지는 못했습니다. 하지만 집콕 놀이와 영어 학습을 함께 고민하고 있을 부모님들께 핵심적인 활동들을 정리해 조금이나마 도움을 드리고자 했습니다. 저도 영어 말하기가 중요하다고 여기는 부모 중 한 명으로서 모쪼록 꾸준한 노력으로 부모표 영어에 성공하시길 바랍니다. 가정의 행복과 아이의 영어 능력 향상은 덤이 될 것입니다.

추천사

영어 학습과 발달이라는 두 마리 토끼를 잡다!

아이들의 놀이 문화와 놀이 학습의 중요성 및 그 효과는 동서양의 수많은 학자들의 연구와 주장에 힘입어 임상 실험을 거쳐 과학적으로 입증되었으며, 덕분에 오늘날 아이들의 교육 기관이나 육아 시설, 그리고 가정에서도 놀이의 과정들이 일반화되어 있다.

유년기의 놀이는 단순히 재미만을 추구하는 소비적인 활동이 아니다. 아이들의 정서와 두뇌 발달, 인성 교육과 원만한 대인 관계 형성을 돕고 동시에 많은 영향을 미치기 때문에 현대 사회는 물론 미래 사회에서도 놀이 학습에 대한 연구와 확대가 더욱 활발해질 것으로 보인다.

아이에게 생애 첫 번째 교사는 엄마다. 아이의 감정과 상태를 가장 잘 아는 사람이 엄마이며, 눈빛 교감만으로도 정서와 심리 상태까지 파악이 가능하기에 엄마의 역할이 참으로 중요하다. 그만큼 엄마와 아이가 정서적으로 깊이 연결되어 있다는 의미다. 그런데 요즘의 교육 패턴을 보면 맞벌이 가정이 대부분이어서 아이들을 일찍부터 조부모의 손에 맡기거나, 육아 교육 기관에 전적으로 의지하는 경우가 많다. 이렇게 부모가 아닌 타인에 의해 자녀 교육이 이루어지다 보니 더 높은 교육의 효과를 놓칠 수밖에 없는 현실이 안타까울 따름이다.

설상가상으로 지금은 코로나 전염병으로 인해 그마저도 여의치 않다. 아이를 전문 교육 기관에조차 맡길 수 없는 초유의 사태를 겪으며 많은 가정이 혼란스러운 상황에 놓여 있으며, 오랜 시간 집에서 아이들과 생활하며 무엇을 해야 할지 몰라 고민하는 가족이 너무나 많다. 시의적절하게 이러한 문제점들과 고민들을 지혜롭게 해결할 수 있는 《엄마와 함께 집콕 영어놀이》가 발간되어 내심 반갑기도 하고, 기대감이 크다. 무엇보다 짧은 시간일지라도 엄마와 자녀가 함께하는 놀이 학습이 가능하다면 그것만으로도 다행이며, 그만큼 아이의 발달에 크나큰 도움이 되리라 확신한다.

글로벌 시대에 직면해 세계 공통어인 영어의 학습과 활용의 중요성은 더 말할 나위가 없다. 우리나라의 경우, 영어 교육에 대한 관심과 열의는 새삼 설명할 필요가 없을 정도여서 아이를 둔 부모라면 누구나 고민이 많을 것이다. 이 책은 이렇게 많은 부모들이 고민하는 사랑하는 자녀의 영어 학습과 발달을 도와주는 놀이 학습 교재로서 두 마리 토끼를 한 번에 잡는 효과를 톡톡히 볼 수 있다. 아이를 가장 잘 이해하는 엄마가 주체가 되고, 아이는 가장 안정된 마음 상태의 학습자가 되어 엄마로부터 최고의 교육과 놀이를 배우는 것이 바로 이 책의 목적이다.

현직 영어 교사이자 두 아이를 양육하고 있는 안지희 선생님은 자상한 엄마로서 다른 엄마들의 고민거리를 깊이 헤아려 이 책을 집필했기에 더욱 신선하고 긍정적인 효과를 가져올 수 있을 것으로 기대한다.

거듭 강조하는바, 이 책은 어린 자녀를 둔 엄마들에게 새로운 시대의 새로운 교육 지침을 제공할 것이다. 자녀와의 가정놀이 문화, 코로나 바이러스로 인한 실내 생활에서의 유용한 놀이 활용법, 재미있는 영어 학습 체득의 방향을 제시하고, 무엇보다 자애로운 엄마의 따듯한 인격을 자녀에게 전하는 최고의 선물이 될 것이다.

- 대서중학교 교장 박종덕

CONTENTS

PART 1 놀이를 이용한 엄마표 영어

PART 2

독후활동 엄마표 영어

PART 3

보드게임을 이용한 엄마표 영어

PART 4

과학놀이를 이용한 엄마표 영어

CONTENTS

엄마와 함께 집콕 영어놀이

PART 1

놀이를 이용한 엄마표 영어

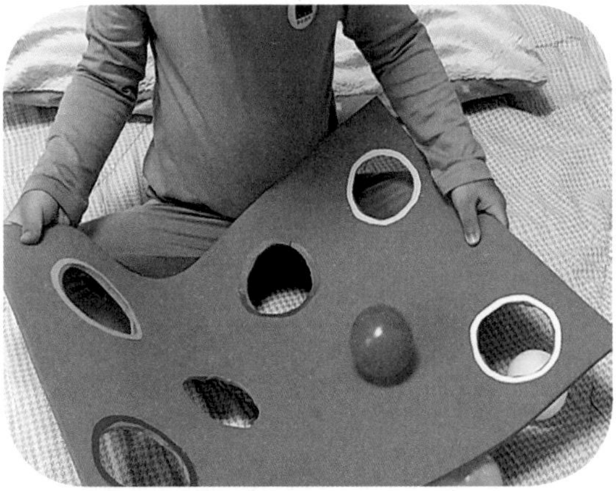

놀이 01 그림자놀이 1(동물) - Shadow puppet

그림자 도안을 출력해 나무젓가락으로 역할놀이를 해주며 동식물을 익혀요. John Butler의 《Who says woof?》를 먼저 읽고 하면 좋아요. Old-Mcdonald had a farm 또는 The animals on the farm by super simple songs를 유튜브에 검색해서 노래 불러봐요.

*** 동물 짖는 소리 ***
dog 개 - woof 워프
cow 소 - moo 무
pig 돼지 - oink 오잉
duck 오리 - quack 꽥
horse 말 - neigh 네이
cat 고양이 - meow 미아우
sheep 양 - baa 바
mouse 쥐 - squeak 스퀵
lion 사자 - roar 로얼
rooster 닭 - cluck 클럭

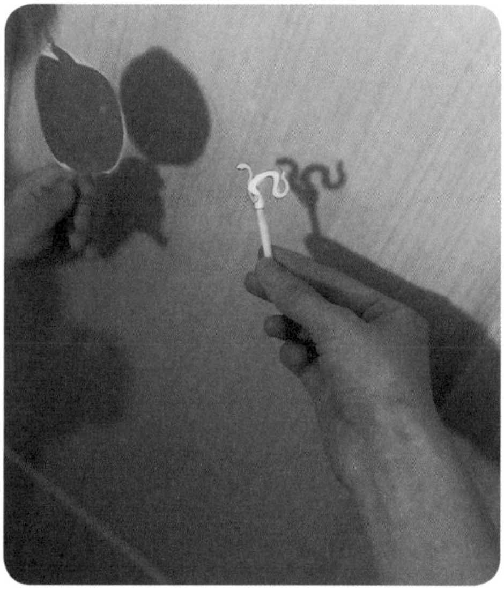

* 준비물 : 빨대(막대), 그림

Let's speak

Will you tape up here, please?	이거 좀 붙여줄래?
Yes, mom.	네, 엄마.
Let's play shadow puppets! What do you want to be?	그림자놀이 하자! 무엇이 하고 싶니?
I'm a cow. Moo moo.	전 소 할래요. 음메.
I'm a duck. Quack quack.	엄마는 오리. 꽥꽥.
Hello duck!	안녕 오리야!
Nice to meet you, cow! Where are you going?	만나서 반가워, 소야! 너 어디 가니?
To the supermarket.	마트에 가.
Then, let's go together.	그럼, 같이 가자.
Okay.	좋아.
I will buy strawberries, snacks, water, meat, and books. How about you?	난 딸기, 과자, 물, 고기, 책을 살 거야. 넌?
I will buy chocolates, ice cream, milk, and candy.	난 초콜릿, 아이스크림, 우유, 사탕을 살 거야.
Oh, it sounds delicious. Now, I'm going to go to zoo. Will you go together with me?	오, 맛있겠다. 이제 난 동물원에 갈래. 너도 같이 갈래?

놀이 02 그림자놀이 2(동식물)

아이와 엄마가 각자 종이컵에 구멍을 뚫어 불빛을 이용해 그림자를 만들고 역할놀이를 해요. 역할놀이는 아이의 상상력을 풍부하게 하고 어휘량을 향상시켜줘요. 스마트폰에 손전등 기능이 있어서 이용하면 좋아요.

I'll make a ________ .
(lion/rabbit/smile/house/cake)
난 ____________ 만들 거야.

Turn off **the light.**
불 끄자.

I'm hungry. I'll catch you!
배고파. 널 잡아먹을 거야!

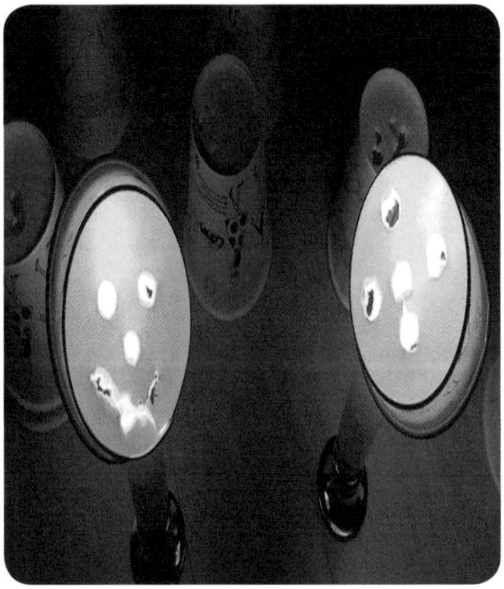

* 준비물 : 종이컵, 펜, 핸드폰

Let's speak

Here's the paper cup. You can make any animals. Look at this. Mommy made a lion.
여기 종이컵이 있어. 아무 동물이나 만들어봐. 이거 봐. 엄마는 사자를 만들었어.

I'll make a rabbit.
전 토끼 만들 거예요.

Wow. It looks cute. Let's turn off the light. I'm a lion. Roar!
와. 귀엽네. 이제 불을 꺼보자. 난 사자다. 으르렁!

I'm hopping bunny!
난 깡충깡충 토끼다!

Roar. It looks yummy! I'm hungry. I'll catch you!
으르렁. 맛있게 생겼네! 난 배가 고파. 내가 널 잡아먹어야겠다!

No!
안 돼!

놀이 03 스티로폼 놀이(도형 & 모양)

이쑤시개를 일정하게 꽂아 동그라미, 세모, 네모 등 도형을 익히고, 아이가 원하는 모양도 만들어 보도록 해요. 고슴도치를 그려 등에 가시도 알려주고 물풍선놀이도 해봐요.

styrofoam 스티로폼[스타이로폼]
toothpick 이쑤시개[투쓰픽]
rubber band 고무밴드[러벌밴드]

I will draw a hedgehog[헷지호그]**.**
고슴도치를 그릴게.

What shape is this?
이건 무슨 모양이지?

It's a circle/triangle/square.
동그라미[써클]/세모[트라이앵글]/네모[스퀘얼].

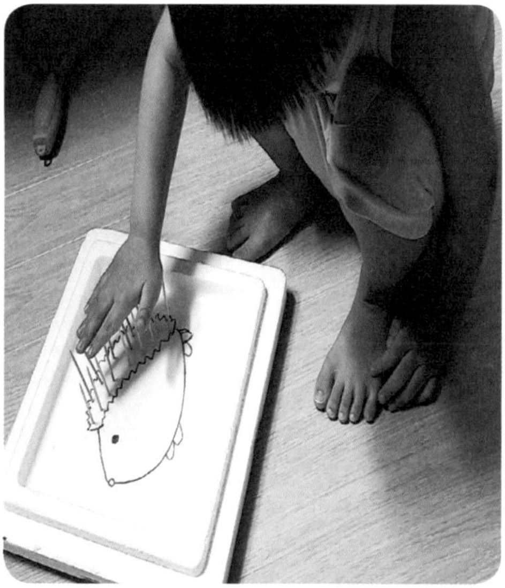

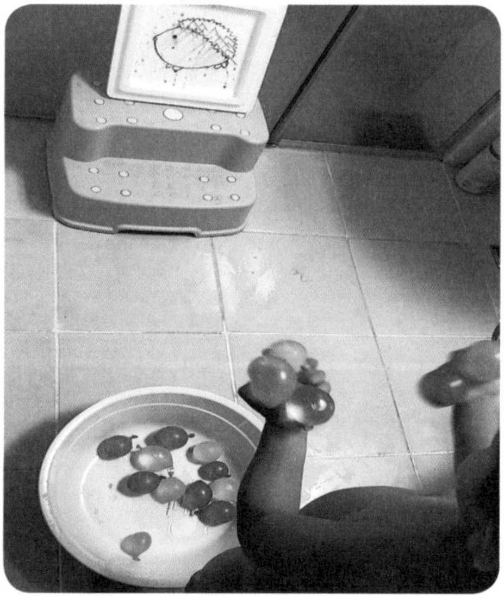

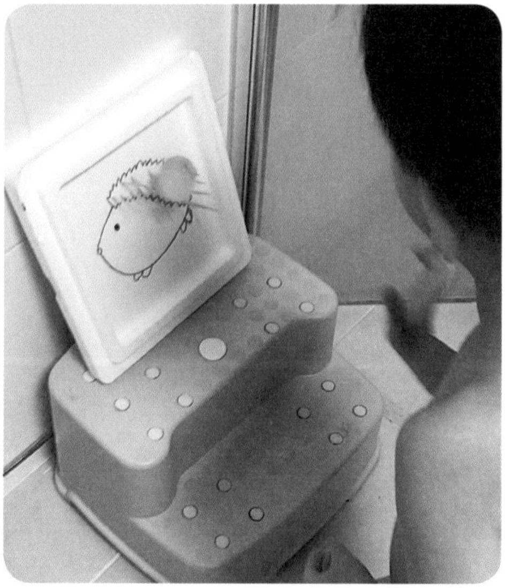

* 준비물 : 스티로폼, 이쑤시개, 물풍선

Let's speak

Here's some styrofoam, toothpicks, and rubber bands. Can you put some toothpicks on the styrofoam? They can prick you, so be careful.	여기 스티로폼, 이쑤시개, 고무밴드가 있어. 스티로폼에 이쑤시개를 꽂을 수 있겠니? 찔릴 수 있으니, 조심해.
OK.	네.
What shape is this?	이건 무슨 모양이지?
A circle.	원이요.
Now, you can make a shape with the rubber bands. Oh, it's a triangle.	이제, 너도 고무밴드로 도형을 만들어봐. 오, 그건 세모.
I'll make a car.	전 자동차를 만들게요.
Wow. Very good! Now, mommy will draw a hedgehog.	와. 좋아! 이제, 엄마는 고슴도치를 그릴게.
Cute hedgehog!	귀여운 고슴도치네요!
Now, you can throw the water balloons onto the hedgehog's back.	이제, 고슴도치 등에 물풍선을 던져봐.
Wow. It's really fun!	와. 진짜 재밌어요!

놀이 04 물감놀이

코인티슈 놀이로 유명한 물감놀이. 알록달록 물감 물로 집에 있는 휴지를 이용해 caterpillar, shark, lion 등을 만들어주고 미술놀이를 해봐요.

Do you want **to play with water paints?**
물감놀이 하고 싶니?

Spray the water paint!
물감을 뿌려봐!

Wiggle wiggle**, caterpillar.**
꾸물꾸물, 애벌레.

* 준비물 : 종이, 휴지, 물감

Let's speak

Do you want to play with water paints? 물감놀이 하고 싶니?

Yes! 네!

What colors do you want to play with? 무슨 색깔로 하고 싶어?

Um. Red, blue, orange, yellow, green, pink, white, brown. 음. 빨강, 파랑, 주황, 노랑, 녹색, 분홍, 흰색, 갈색.

OK. Here are some color paints and I will draw a caterpillar, a shark. 좋아. 여기 물감이 있고 엄마가 애벌레, 상어를 그릴게.

Wow. Caterpillar, shark! 와. 애벌레, 상어!

Spray the water paint! 물감을 뿌려봐!

Wiggle wiggle, caterpillar. Baby shark, mommy shark. 꾸물꾸물, 애벌레. 아기 상어, 엄마 상어.

놀이 05 의사놀이(Hospital)

종이에 사람을 그려주고 아픈 곳에 밴드를 붙여 환자/의사 역할놀이를 해봐요. 의사놀이 세트가 집에 있다면 단어를 익히고 활용하면 좋아요.

I'm scared of______. 전 ____ 무서워요.
stethoscope 청진기[스테도스콥]
syringe/shot 주사[시린쥐/샷]
thermometer 체온계[떨마미터]
ointment 연고[오인먼트]

Put bandages **where you hurt.**
아픈 곳에 밴드[밴디쥐]를 붙여봐.
It really hurts. 너무 아파요.
Will you be a doctor**, or a** patient**?**
넌 의사 할 거니, 환자[페이션트] 할 거니?
I have a headache and runny nose.
머리가 아프고[헤드에익] 콧물이 나와요.
Let's get a shot. 주사 한 대 맞자.

* 준비물 : 종이, 밴드, 의사놀이 장난감

Let's speak

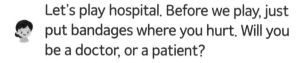

Let's play hospital. Before we play, just put bandages where you hurt. Will you be a doctor, or a patient?	우리 병원놀이 해보자. 그전에, 네가 아픈 곳에 밴드를 붙여봐. 넌 의사 할 거니, 환자 할 거니?
I'll be a doctor.	전 의사 할래요.
Okay. Then, mommy is a patient. Knock knock! I'm a patient. I have a headache and runny nose. I ate lots of ice cream. Maybe I have a cold.	좋아. 그럼, 엄마는 환자야. 똑똑! 전 환자예요. 제가 머리가 아프고 콧물이 나와요. 아이스크림을 많이 먹었어요. 아마도 감기에 걸렸나봐요.
Oh, come on.	오, 이리와 보세요.
A stethoscope? No, I'm scared of stethoscopes.	청진기? 안 돼요, 전 청진기가 무서워요.
Don't worry. Let's just check your condition. Let's check your fever.	걱정 마세요. 그냥 상태를 체크하는 거예요. 열을 확인해볼게요.
A thermometer? No no, I'm scared of thermometers.	체온계? 안 돼요, 전 체온계가 무서워요.
Don't worry. But you should get a shot.	걱정 마세요. 근데 주사 한 대 맞아야겠어요.
Oh my goodness! No way. I'm really scared of syringes.	으악! 안 돼요. 전 정말 주사가 무서워요.
Don't worry. If you get a shot, you will be OK/better.	걱정 마세요. 주사 한 대 맞으면, 금방 좋아질 거예요.
Oh, no! It really hurts. But I will be better. Thank you, doctor.	오, 안 돼요! 정말 아파요. 하지만 전 나을 거예요. 감사합니다, 의사 선생님.

놀이 06 종이비행기 날리기

신문지 여러 군데에 구멍을 뚫어놓고 아이와 종이비행기를 접어 넣는 놀이예요. 종이접기로 소근육도 발달시키고 동시에 구멍에 물건을 넣으려고 할 때 대근육을 사용하게 되고 집중력도 높여줘요.

Let's make a paper airplane together.
종이비행기를 같이 만들자.

Fold paper. 종이를 접어.
Fold up. 위로 접어.
Fold in half. 절반으로 접어.

Fly a paper plane!
날아라 종이비행기!

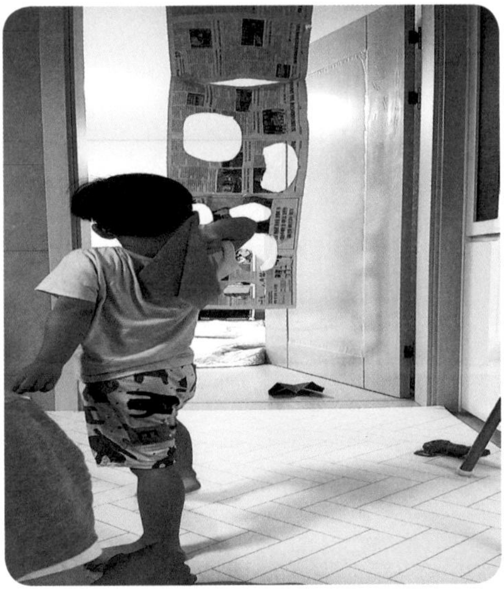

* 준비물 : 신문지, 종이

Let's speak

Let's make a paper airplane together. Here's the paper. Just follow me.
같이 종이비행기를 만들어보자. 여기 종이가 있어. 따라해봐.

First, fold a sheet of paper in half and open it.
먼저, 종이를 반으로 접었다가 다시 펴.

Fold each corner to the center line and fold down again.
가운데를 중심으로 양 끝을 접고 다시 아래로 또 접어.

Fold each corner again, but the corners should meet in the middle.
양 끝을 다시 접는데, 중앙에서 서로 만나야 해.

Fold it up, turn the paper and fold it in half.
위로 접고, 종이를 뒤집어서 절반으로 접어.

Now, fold the wings. Finished!
이제, 날개를 접어. 끝!

Here's the newspaper and I made holes.
여기 신문지와 구멍들이 만들어져 있어.

Fly a paper plane and put it in these holes.
종이비행기를 저 구멍들에 들어가도록 날려봐.

놀이 07 Push & Pull game

손바닥 밀기 게임으로 엄마와 자연스럽게 교감하며 push와 pull의 개념을 익히고 각 방마다 push와 pull 카드를 아이가 직접 붙이도록 해요. 집에 있는 줄로 줄다리기를 하면서 push and pull을 함께 얘기해줘요.

Push an opponent's palm.
상대방 손바닥을 밀어야 해.
You can pull my hands.
내 손을 당겨도 돼.

You can push the swing.
그네를 밀어도 돼.
Push the merry-go-round.
회전목마를 밀어.

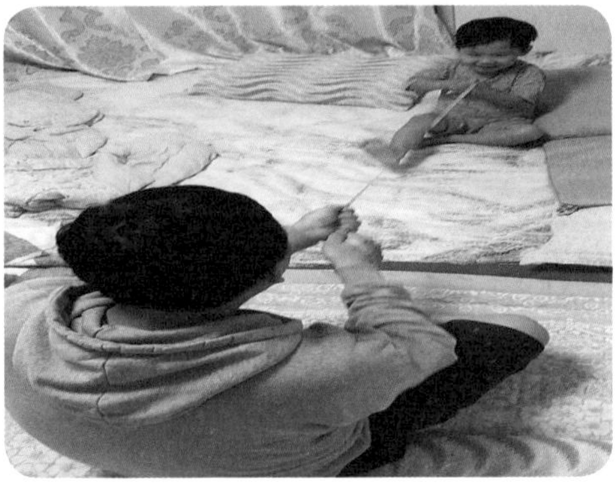

* 준비물 : 포스트잇(push, pull)

Let's speak

Stand up here. And show me your palm like this. Now, we can push an opponent's palm. (You push my palm and I push your palm)	여기에 서봐. 이렇게 엄마에게 손바닥을 보여줘. 이제, 상대방 손바닥을 밀어야 해. (넌 엄마 손바닥을 밀고 엄만 너의 손바닥을 미는 거야)
Okay.	좋아요.
You can also pull my hands.	엄마 손을 당겨도 돼.
Let's play, mom!	이제 시작해요, 엄마!
Oh, no! I fell down! Now, let's play "Tug-of-war".	오, 안 돼! 엄마 떨어진다! 이제, 줄다리기 놀이 하자.
What is that?	그게 뭐예요?
Pull the rope. Pull it harder. Ready? Go!	줄을 당기는 거야. 세게 당기면 돼. 준비됐니? 시작!
Wow, I win!	와, 제가 이겼어요!

놀이 08 구멍에 맞는 색깔공 넣기

고무 재질의 색지에 볼풀공 크기로 구멍을 만들어 색을 표시했어요.
구멍의 색에 맞춰 색깔공(ex. 빨간 공은 빨간 구멍에)을 넣으면 돼요.
함정 구멍도 하나 더 넣으면 재밌어요.

Count how many **holes are there.**
구멍이 몇 개인지 세어보자.

What color **is this?**
이건 무슨 색이지?

Red, yellow, green, blue, white holes.
빨강, 노랑, 녹색, 파랑, 흰색 구멍.

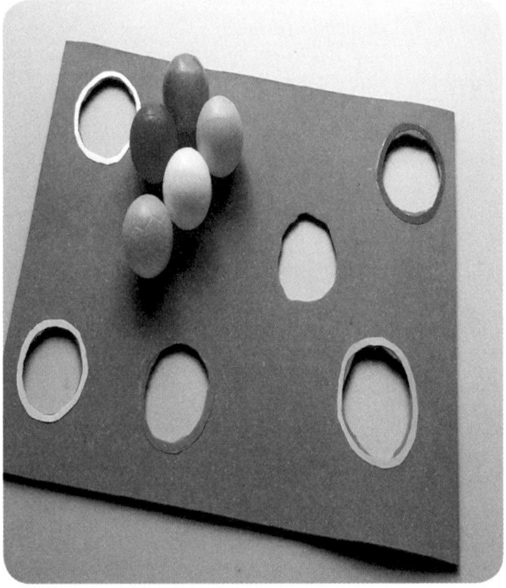

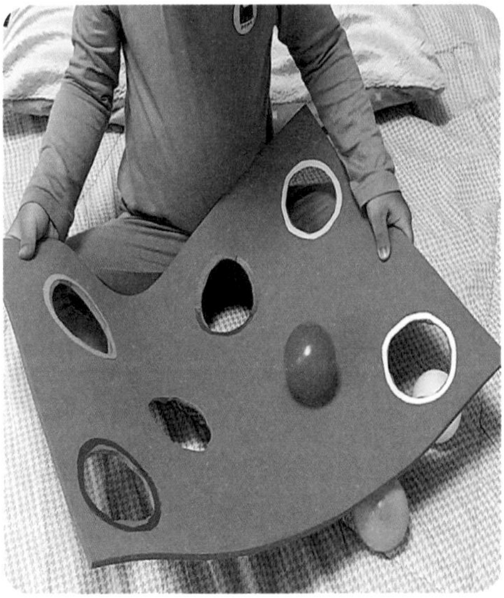

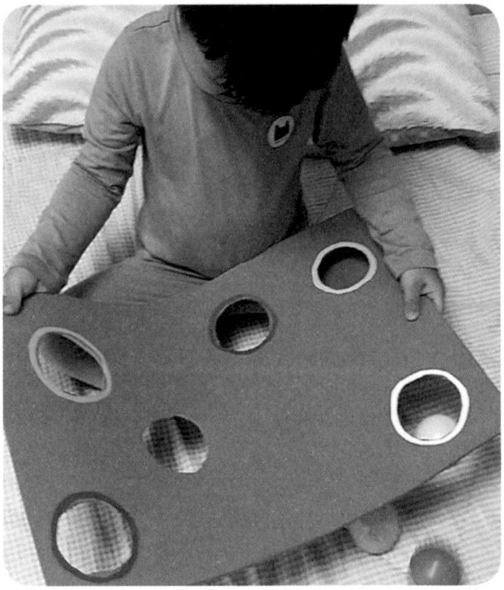

* 준비물 : EVA 색지, 볼풀공

Let's speak

Let's count how many holes are there.
여기에 구멍이 몇 개인지 세어보자.

One, two, three, four, five, and six.
1, 2, 3, 4, 5, 6.

Good. Here are 5 balls, and you will get some balls in the same color.
What color is this?
좋아. 여기에 공이 5개 있고, 네가 구멍 색과 같은 색깔의 공을 넣으면 돼. 이건 무슨 색이지?

Red.
빨강이요.

Yes. Then I will put the red ball into the red hole. Look!
그래. 그럼 엄마가 빨간 구멍에 빨간 공을 넣을 거야. 봐!

Wow. It looks fun! I will do it.
와. 재밌겠어요! 제가 해볼게요.

Okay. Here's a blue ball.
좋아. 여기 파란 공.

Yeah! Give me the white ball.
와! 흰색 공도 주세요.

놀이 09 전단지 냉장고 놀이(Food)

마트 전단지에 있는 사진들을 가지고 냉장고 모양의 상자에 붙이면서 각종 음식을 영어로 익히고, 역할놀이를 해요. 냉장고가 터널이 되어 도로놀이를 해도 좋아요. 유튜브에서 Baby panda의 supermarket 등 다양한 영어 버전 장보기 편을 활용해도 좋아요.

Let's go shopping. 쇼핑 가자.

I want milk, egg, yogurt, snacks, grapes, fish, watermelon, apples.
우유, 달걀, 요구르트, 과자, 포도, 생선, 수박, 사과를 살래요.

Please give me the eggs.
계란 좀 줘.

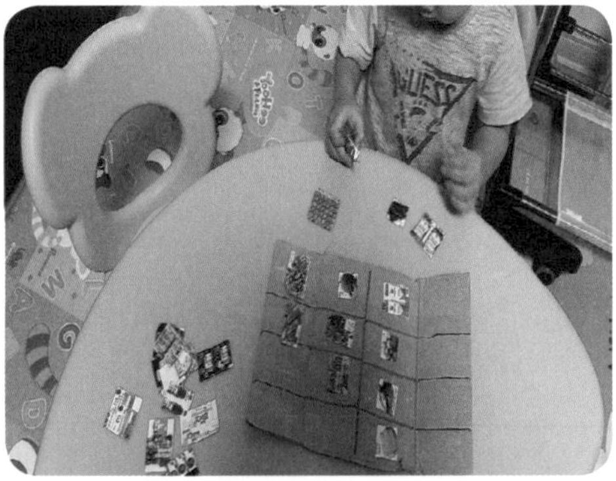

* 준비물 : 전단지, 상자

Let's speak

This is the refrigerator. It's the same as our refrigerator, isn't it?	이건 냉장고야. 우리 집 냉장고랑 똑같지, 그렇지?
Yes.	네.
Now, we'll go shopping, then put some food in the refrigerator.	이제, 쇼핑 가서, 냉장고에 넣을 음식을 사오자.
OK. Let's go! I want milk, egg, yogurt, snacks, grapes, fish, watermelon, and apples.	네, 출발! 전 우유, 달걀, 요구르트, 과자, 포도, 생선, 수박, 사과를 살 거예요.
Then, mommy wants to get melon, anchovies, tuna, sauce, meat, pumpkin, squid, onions, shrimp, and water.	그럼, 엄만 멜론, 멸치, 참치, 소스, 고기, 호박, 오징어, 양파, 새우, 물을 살 거야.
Let's go back home!	이제 집에 가요!
Now, stick these foods here.	자, 이 음식들을 붙여보자.
OK. Eggs are here. Grapes go here.	네, 계란은 여기. 포도는 여기.
Wow. Can you take the eggs out of that?/ Please give me the eggs.	와. 계란 좀 냉장고에서 빼줄래? / 계란 좀 줄래?
Here.	여기요.
Please give me an apple.	사과도 줘.

놀이 10 목욕놀이(소방놀이, 바다동물)

목욕할 때 벽에 빨간 물감으로 불을 그려주고 분무기나 물총으로 불을 끄도록 해요. 이후에 야생동물, 바다동물 등을 인쇄해서 벽에 붙여주고 엄마가 외치는 것을 물로 목욕시켜주도록 하면 자연스럽게 단어를 익힐 수 있어요.

Put out the fire!
Nee-nar, nee-nar!
불을 꺼보자! 삐뽀, 삐뽀!

Let's take a shower, ______________!
(duck/dinosaur/seahorse/elephant)
오리/공룡/해마/코끼리 목욕하자!

Where's **the** ______________?
오리/공룡/해마/코끼리 어디 있지?

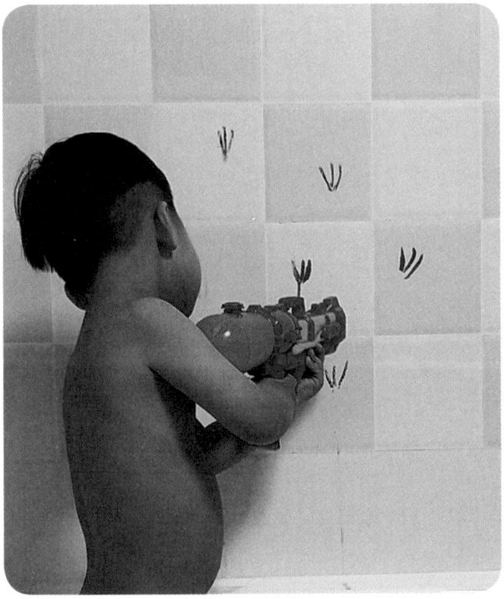

* 준비물 : 물총, 빨간 물감, 동물 프린트

Let's speak

Take off the clothes and put out the fire! Nee-nar, nee-nar!	옷을 벗고 불을 꺼보자! 삐뽀, 삐뽀!
Wow! I'll fight the fire!	와! 제가 불을 다 끌 거예요!
Shoot water! Blast water!	물 발사! 물 폭탄!
Yeah! I put out the fire.	와! 제가 다 껐어요.
Now, you take a shower with the water gun.	이제, 물총으로 목욕시켜주자.
Okay.	좋아요.
Where's a ____________? (duck/dinosaur/seahorse/elephant)	오리/공룡/해마/코끼리 어딨어?
Here.	여기요.
Let's take a shower, ____________. (duck/dinosaur/seahorse/elephant)	오리/공룡/해마/코끼리 목욕하자.

놀이 11 색종이놀이

색종이 서너 장을 막대나 플라스틱 수저를 넣어 연결해 수박 부채를 만들어줘요. 남은 색종이를 자유롭게 잘라보면서 아이가 좋아하는 눈, 코, 입 몬스터도 만들어주고 놀다가, 바람이 다 빠진 풍선을 잘라 종이컵이나 플라스틱 컵 뒤를 살짝 자르고 색종이를 넣어 풍선을 당기면 폭죽처럼 튀어나와 아이가 즐거워해요.

It's a watermelon fan. It makes you cool.
수박 부채야. 널 시원하게 해줄거야.

This is circle, triangle, rectangle.
이건 동그라미, 세모, 네모예요.

It will be a firecrackers/fireworks. Pull it!
폭죽이 될 거야. 당겨!

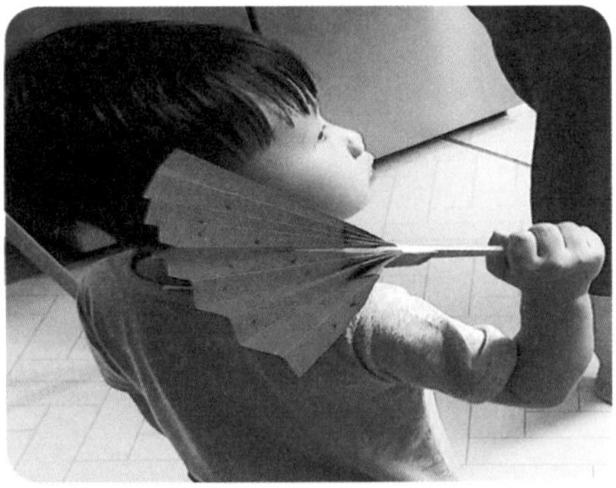

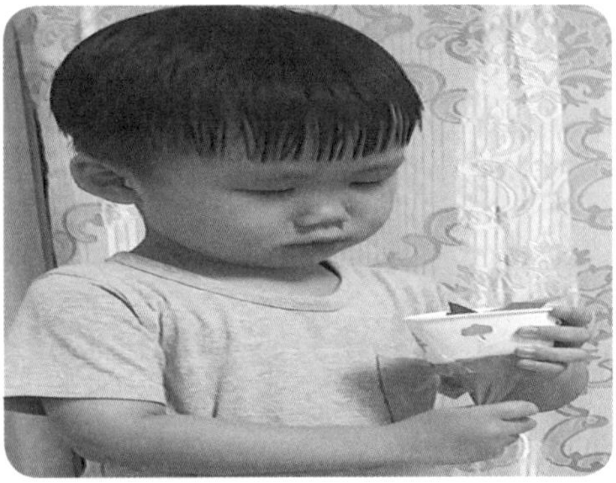

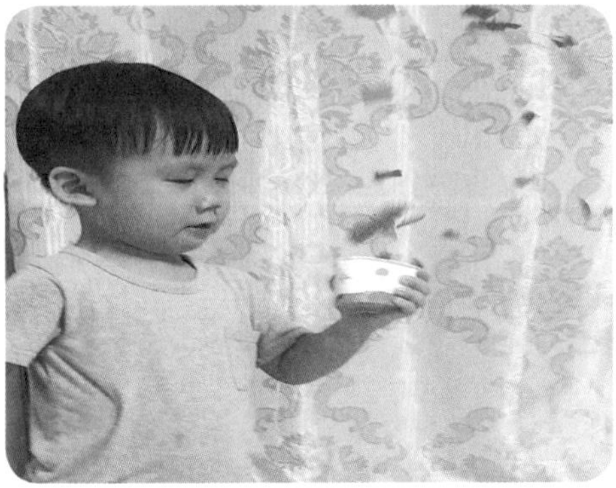

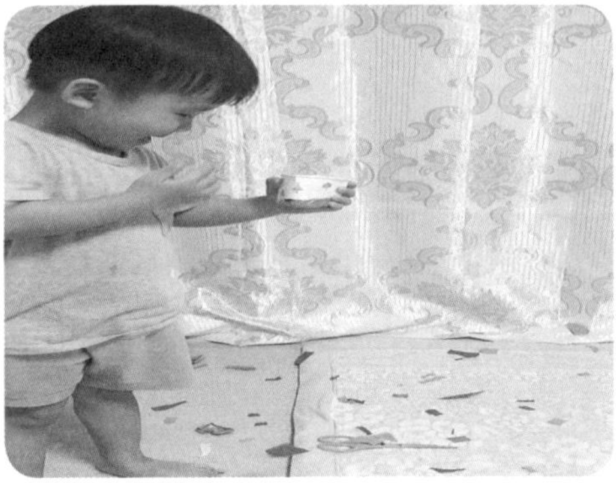

* 준비물 : 색종이, 펜, 막대(플라스틱 수저), 종이컵, 바람 빠진 풍선

Let's speak

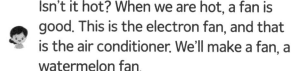

Isn't it hot? When we are hot, a fan is good. This is the electron fan, and that is the air conditioner. We'll make a fan, a watermelon fan.	덥지 않니? 더울 땐, 부채가 좋아. 이건 선풍기, 그리고 저건 에어컨이야. 우린 부채를 만들 거야, 수박 부채.
A watermelon fan? What is that?	수박 부채? 그게 뭐예요?
Draw some dots on the two red papers.	여기 두 빨간 색종이에 점을 그려봐.
(Draw some dots)	(점 그리기)
Paste the green papers. Fold them like this.	초록 색종이를 붙여. 이렇게 접어봐.
(Fold the papers)	(종이 접기)
Now, paste the two papers and a stick or a spoon. Ta-da! It's a watermelon fan. It makes you cool.	이제, 두 종이를 나무막대기 또는 스푼에 붙여. 짜잔! 수박 부채야. 널 시원하게 해줄 거야.
Will you cut these papers?	종이를 잘라줄래?
This is circle, triangle, rectangle.	이건 동그라미, 세모, 네모예요.
Wow. These are eyes, a nose, a mouth, and hair. It's a monster! Haha. Now, here's a paper cup and a balloon. Put some color paper here. It will be a firecrackers/fireworks. I'll show you first. Pull it!	와. 이건 눈, 코, 입, 머리카락. 몬스터다! 하하. 이제, 여기 종이컵과 풍선이 있지. 잘라놓은 색종이를 여기에 넣어. 폭죽이 될 거야. 엄마가 먼저 보여줄게. 이렇게 당겨!
Wow awesome! It's my turn.	와 멋져요! 제가 해볼래요.

놀이 12 참참참 & 눈 가리고 찾기

1. 학창 시절에 하던 상대의 손 방향과 반대로 고개를 돌려야 하는 '참참참 게임'으로 오른쪽과 왼쪽 방향을 익혀요. Turn turn right/left를 외치면서요.
2. 아이와 간단하게 Go straight(직진), Turn right/left, Up/down 등을 알려주면서 안대(마스크)로 눈을 가리고 아빠 찾기 게임을 해요. 엄마는 guide이고 아이는 seeker예요. 처음엔 그냥 소리 나는 곳을 찾으려고 하지만 엄마의 안내를 잘 들으면 금방 찾을 수 있음을 알게 해줘요.

Turn turn right/left!
참참참! 오른쪽/왼쪽!

How can I get to your dad?
아빠한테 어떻게 가지? (길 찾기)

Cover your eyes.
네 눈을 가려.

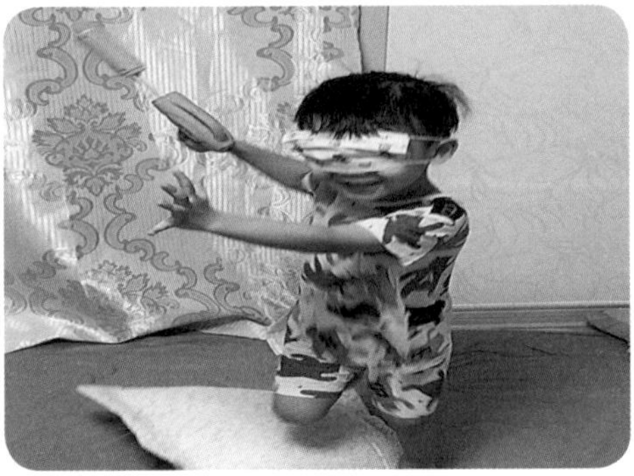

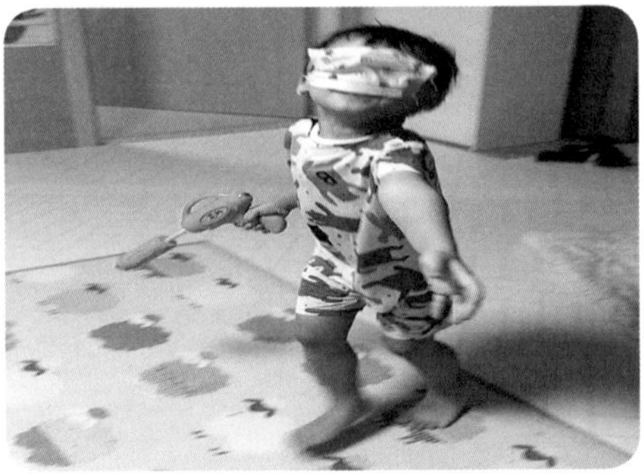

* 준비물 : 안대(마스크)

Let's speak

I will say "turn turn right/left". If your head follows my hand, you will lose.	엄마가 "참참참"이라고 말할 거야. 네 고개가 엄마 손을 따라오면, 지는 거야.
OK. I understand.	네. 이해했어요.
Turn turn right!	참참참!
Yes! My turn. Turn turn left!	이겼다! 제 차례예요. 참참참!
Now, you will cover your eyes and find your dad. Mommy is your guide and I will tell you how can you get to your dad. Just follow me.	이제, 네 눈을 가리고 아빠를 찾을 거야. 엄마는 너의 안내로 아빠 찾는 길을 말해줄 거야. 듣고 따라와.
OK. I covered my eyes.	네. 눈 가렸어요.
Go straight. Turn left and go straight.	직진해. 왼쪽으로 돌아서 쭉 가.
Oh, here! I caught him!	오, 여기 있다! 아빠 잡았다!
Excellent! Now, it's my turn. Will you tell me how can I get to your dad?	잘했어! 이제, 엄마 차례야. 아빠 찾는 길을 말해줄 수 있겠니?
Sure. Cover your eyes.	물론이죠. 눈 가리세요.

놀이 13

신문지 접어 올라가기

신문지를 각자 한 장씩 펴놓고 올라가 Rock, scissors, paper(가위바위보)에서 진 사람이 절반씩 계속 접어나가요. 도형을 더 알려주기 위해 세모로 접어나가도 재밌어요. 아이의 신체 균형 감각 발달에 좋아요.

Person who loses will fold the paper in half.
진 사람이 종이를 절반 접어.

Rock, Scissors, Paper!
가위, 바위, 보!

Big rectangle became the little rectangle.
큰 직사각형이 작아졌어.
square(정사각형), triangle(삼각형)

* 준비물 : 신문지

Let's speak

Let's play a balancing game.	균형 게임 하자.
Balancing game? OK.	균형 게임? 좋아요.
Step on the newspaper. And the person who loses will fold it in half.	신문지 위에 올라가. 그리고 진 사람이 절반씩 접어.
Rock, Scissors, Paper!	가위, 바위, 보!
Yes, mommy wins! Fold it in half. The big rectangle became the half rectangle.	와, 엄마 승! 절반 접어. 큰 직사각형이 절반이 됐네.
Rock, Scissors, Paper!	가위, 바위, 보!
Oh, fold it in half again.	오, 절반 또 접어.
It's a small. Try again!	작다. 다시!
Rock, scissors, paper! Oh, you can stand only one foot!	가위, 바위, 보! 오, 이제 한 발만 설 수 있겠는데!
Oh my! I can't stand.	안 돼! 설 수가 없어요.
One more time? Let's fold it into a triangle.	한 번 더? 이번엔 세모로 만들어보자.
Triangle? It sounds fun.	세모요? 재밌겠다.

놀이 14 시계놀이

잼잼잉글리쉬의 《What time is it now?》를 읽고 시간을 답하는 연습을 먼저 한 후, 시계를 만들어요. 아이가 좋아하는 캐릭터를 인쇄하거나 책을 오려서 가운데에 붙이고 집에 있는 화살 모양 빨대·스틱 등으로 바늘을 만들어 할핀으로 고정해요. 집 안에 붙여놓고 시간을 자꾸 물어보면 자연스럽게 It's _ o'clock이라고 답해줘요. 또 시계 모양 빙고를 만들어 엄마가 불러주는 It's __o'clock에 색칠해 I.L.O.T.X.Z 빙고가 나오면 아이가 이기는 게임을 해봐요.

What time is it now?　몇 시야?

It's _______ o'clock.　_____시예요.

Choose your favorite character.
네가 가장 좋아하는 캐릭터를 골라봐.

Let's hang it on the wall.
이걸 벽에 걸어두자.

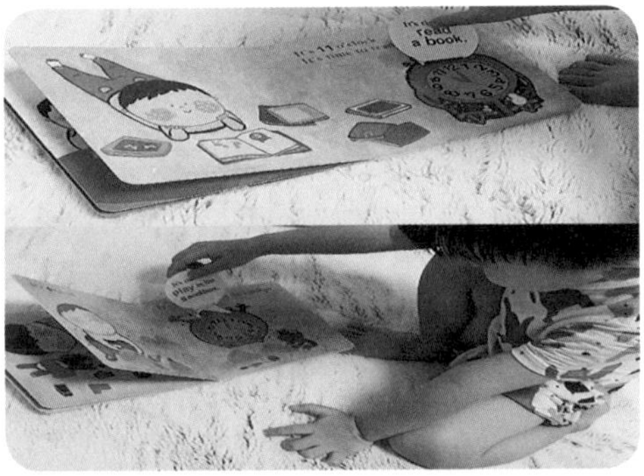

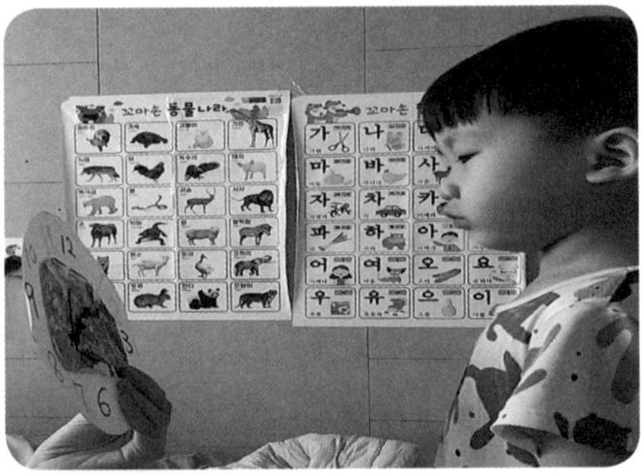

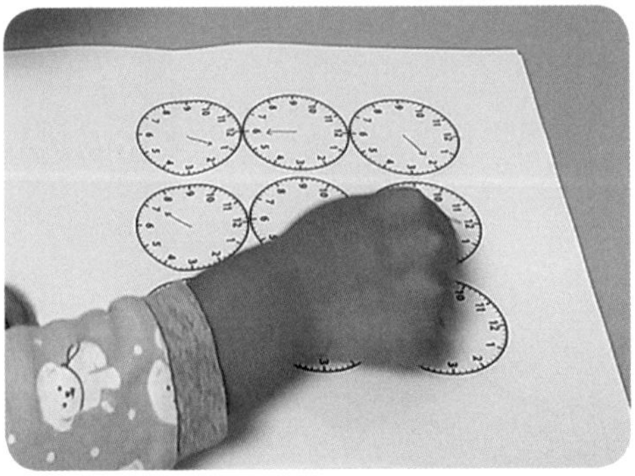

* 준비물 : 종이, 크레파스(색연필), 화살 모양(빨대), 할핀, 시계 빙고판

Let's speak

Let's read about a clock. What time is it now?	시계 책 같이 읽어보자. 지금 몇 시니?
Three.	3시요.
Yes, it's three o'clock. Then, what time is it now?	맞아, 3시야. 그럼, 지금은 몇 시니?
Five o'clock.	5시요.
Great! It's five o'clock. Now, let's make a clock. Choose your favorite character.	그렇지! 5시야. 이제, 시계를 만들어보자. 네가 좋아하는 캐릭터를 골라봐.
I like Tobot and Power rangers.	전 또봇과 파워레인저가 좋아요.
Good! Can you write numbers?	좋아! 숫자를 쓸 수 있겠니?
Yes.	네.
We need a clock hand and fix on it.	우리 시곗바늘로 고정시키자.
Finish! It's six o'clock.	끝! 이건 6시예요.
Excellent. Let's hang it on the wall.	훌륭해. 이 시계를 벽에 걸어놓자.
I love it!	좋아요!

놀이 15 악어떼!

'책 징검다리 정글 지나기'를 하면서 흔히 아는 '악어떼' 노래를 영어로 바꿔 불러줘요. 엄마가 악어가 되어 아이가 책 위를 밟고 지나갈 때 잡을 듯 말 듯 해주면 재미있어 해요. 유튜브에서 슈퍼심플송의 walking in the forest는 입에 착 붙는 노래로 여러 동물을 익힐 수 있어요. 등·하원 또는 밖에 나갈 때 응용해서 노래로 불러주면 좋아요.

*** 악어떼 노래 가사**

Let's go through the jungle. Let's crawl through the jungle. If we meet in the swamp, crocodile may show up, Crocodile!

정글 숲을 지나서 가자. 엉금엉금 기어서 가자. 늪지대가 나타나면은, 악어떼가 나온다, 악어떼!

*** Walking in the forest 속 가사들**

walk/stomp/jump/skip/forward/backward/frog/monkey/tiger/deer/owl/rabbit/woodpecker/skunk

We're not afraid.

* 준비물 : 책

Let's speak

Let's make a stepping stone with your books.	네 책으로 징검다리를 만들자.
OK. My books.	네. 내 책.
Now you can step only here. I'm a crocodile. Snappity-snap! My jaws open wide and eat you!	이제 넌 여기만 밟을 수 있어. 난 악어야. 따닥따닥! 내 턱이 크게 벌어져서 널 먹을 테다!
Oh, crocodile! Help me!	오, 악어야! 도와줘!
Let's go through the jungle. Let's crawl through the jungle. If we meet in the swamp, crocodile may show up, crocodile!	정글 숲을 지나서 가자. 엉금엉금 기어서 가자. 늪지대가 나타나면은, 악어떼가 나온다, 악어떼!
Chasing after me!	날 쫓아오고 있어!
A crocodile may show up, Crocodile!	악어떼가 나온다, 악어떼!
Come on, I can fight the crocodile.	이리 와봐, 나는 악어랑 싸울 수 있어.
Uh oh, then I will be a tiger!	어라, 그럼 난 호랑이가 되어야겠다!

놀이 16 꼬리잡기

한글 책 《내 엉덩이가 최고》를 읽고 꼬리잡기 놀이를 해봤어요. 휴지 또는 수건으로 꼬리를 만들고 서로의 꼬리를 먼저 잡는 사람이 이기는 게임이에요. 꼬리를 잡고 난 후에 아이와 수건으로 양머리를 만들어 SNOW 어플 등으로 재밌게 사진을 찍어봐요.

Whose tail is this?
이건 누구 꼬리지?

We should catch an opponent's tail.
상대편 꼬리를 잡아야 해.

Let's take a picture!
사진 찍어요!

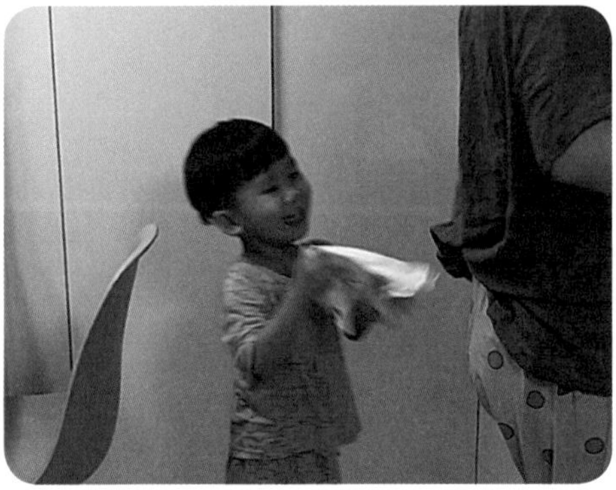

* 준비물 : 휴지(수건)

Let's speak

Whose tail is this?	이건 누구 꼬리지?
Zebra's tail.	얼룩말 꼬리요.
That's right. Now, let's play catching tails.	맞아. 이제, 꼬리잡기 놀이 하자.
Catching tails?	꼬리잡기?
Mommy will make as a tail. We should catch an opponent's tail. (You catch my tail and I catch your tail)	엄마가 너랑 엄마 꼬리를 만들 거야. 이제 상대편 꼬리를 잡아야 해. (넌 엄마 꼬리를 잡고 엄만 네 꼬리를 잡는 거야)
OK.	좋아요.
Run! Run away! I will catch your tail first.	달려! 도망가! 엄마가 네 꼬리를 먼저 잡을 거야.
Wow. I caught your tail!	와. 제가 엄마 꼬리를 잡았어요!
Uh oh. My tail. Try again!	어. 내 꼬리. 다시 하자!
OK.	좋아요.
Let's make a sheep with this towel.	이제 이 수건으로 양을 만들어보자.
It looks cute! Let's take a picture!	귀여워요! 사진 찍어요!

놀이 17 판 뒤집기

하나의 판에 EVA 색지로 앞뒤가 다른 색이 되도록 10장 정도 만들어요(앞면은 검정, 뒷면은 주황색 이런 식). 자신의 색을 고르고 30초 동안 선택한 내 색으로 상대의 판을 열심히 뒤집어 놓아 마지막에 더 많은 색이 이기는 게임이에요. 재밌는 신체 운동으로 체력을 길러요.

How many cards?
카드가 몇 개지?

Flip the black cards over to the orange cards in 30 seconds.
30초 내에 검정 카드를 주황색 카드로 뒤집어.

* 준비물 : EVA 2가지 색지, 본드

Let's speak

How many cards here?	여기 카드가 몇 개 있지?
One. Two. Three. … Ten!	1. 2. 3. … 10!
Right. What color do you want? Black? Orange?	맞아. 넌 무슨 색을 원하니? 검정? 주황?
I like orange.	전 주황색 할래요.
OK. Then you can flip the black cards over to the orange cards in 30 seconds.	좋아. 그럼 넌 30초 안에 검정 카드를 주황색 카드로 뒤집으면 돼.
I see. I'm ready.	이해했어요. 준비 완료.
Go! (play) Finished! Let's count how many orange cards we have.	시작! (게임) 끝! 이제 주황색 카드가 몇 개인지 세어보자.
One. Two. … Seven!	1. 2. … 7!
Oops, I lose. You win!	아이고, 엄마가 졌네. 네가 이겼어!
Oh yeah! One more time!	와! 한 번 더해요!

엄마와 함께 집콕 영어놀이

PART 2

독후활동 엄마표 영어

독서 01 Rooster is off to see the world

Eric Carl의 《Rooster is off to see the world》를 읽은 후, 원하는 숫자만큼의 아이스크림콘을 종이에 그려주고, 그 위에 폼폼이로 아이가 숫자만큼 붙일 수 있도록 해요. 책은 1 rooster, 2 cats, 3 frogs, 4 turtles, and 5 fish로 재밌는 그림과 함께 아주 쉽게 구성되어 아이와 부담 없이 읽을 수 있어요. 아이스크림을 붙이면서 다양한 맛을 얘기해보고 숫자도 자연스럽게 익히도록 해요.
[참고] 유튜브 Eileen Christelow의 'Five Little Monkeys Jumping on the Bed'

Who goes to bed first?
누가 가장 먼저 자러 갔지?
How many ice creams?
아이스크림이 몇 개지?

*** 맛 Flavor -** Strawberry, banana, chocolate, and grape
딸기, 바나나, 초콜릿, 포도맛

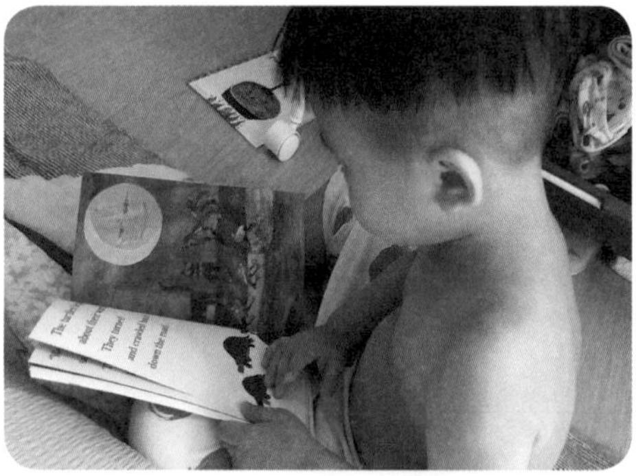

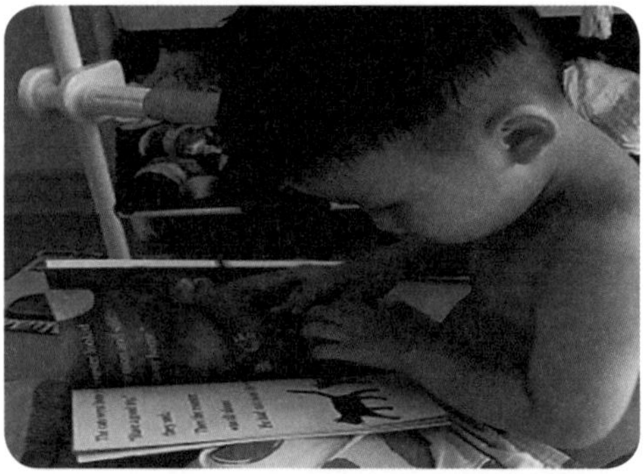

* 준비물 : 종이, 폼폼이

Let's speak

Who goes to bed first?	누가 가장 먼저 자러 갔지?
5 fish.	물고기 5마리요.
Good! Who goes to bed next?	맞아! 그다음은 누가 자러 갔어?
4 turtles.	거북이 4마리요.
Then, who goes to bed next?	그다음은?
3 frogs.	개구리 3마리요.
Then, next?	그럼, 다음은?
2 cats.	고양이 2마리요.
That's right! Who goes to bed last?	맞아! 그럼 마지막은 누구지?
1 rooster.	수탉 1마리요.
Very good! Now, here's an ice cream cone and the numbers. Let's read the numbers together. Good! Now you can put some ice cream on here. How many ice creams?	아주 잘했어! 이제, 여기 아이스크림콘과 숫자가 있어. 같이 읽어보자. 좋아! 이제 숫자에 맞게 아이스크림을 놓을 거야. 이건 몇 개지?
4.	4개요.
Which flavor do you want?	무슨 맛을 놓을까?
Um, strawberry, banana, chocolate, and grape.	음, 딸기, 바나나, 초콜릿, 포도맛이요.
OK, it looks delicious. Can I eat your ice cream?	좋아, 맛있겠다. 내가 먹어도 돼?
Yes, here you are.	네, 여기요.
Thank you. Um. Yummy!	고마워. 음. 맛있다!

독서 02 Little Cloud

Eric Carle의 《Little cloud》에서 구름으로 만들어진 다양한 것들을 살펴보고, 키즈클럽 웹 사이트에서 독후활동에 대한 그림을 인쇄해 양·나무·상어·비행기·토끼·모자 그림을 데칼코마니 해보도록 해요.

When it's cloudy, **it will** rain.
구름이 끼면, 비가 올 거야.

Things that look like clouds **:**
sheep, trees, sharks, airplanes, rabbits, and hats.
구름을 닮은 것들 : 양, 나무, 상어, 비행기, 토끼, 모자

Squeeze **the color!** Scrub scrub!
물감을 짜고! 문질러 문질러!

* 준비물 : 인쇄물, 물감

Let's speak

What is it?	이건 뭐야?
A cloud!	구름이요!
Yes. It's a cloud. When it's cloudy, what will happen?	그래. 구름이지. 구름이 끼면, 무슨 일이 일어나지?
Rain.	비요.
Yes. It will rain. Let's read this book together.	맞아. 비가 오지. 그럼 같이 책을 읽어보자.
There are many things that look like clouds. What were they?	여기 구름 닮은 게 아주 많았어. 뭐가 있었지?
Sheep, trees, sharks, airplanes, rabbits, and hats.	양, 나무, 상어, 비행기, 토끼, 모자.
Very good! Now, let's paint symmetry! Here's a sheep, a tree, a shark. Fold it in half. Squeeze the color! Scrub scrub! And open it! Ta-da!	잘했어! 이제, 데칼코마니를 해보자! 여기 양, 나무, 상어가 있어. 종이를 절반 접어. 물감을 짜! 문질러! 이제 열어봐! 짜잔!
Wow. It looks fun! Mom, I will do!	와. 재밌어요! 엄마, 제가 해볼게요!

독서 03 Papa, please get the moon for me

Eric Carle의 《Papa, please get the moon for me》는 달을 따주기 위해 아빠가 노력하는 책이에요. long, short, up, down, smaller, and grew. 그리고 full moon이 되기까지 달의 변화도 함께 얘기해볼 수 있어요. 달의 변화 과정은 과자에 있는 크림으로 표현해 함께 얘기해보고, long, short, up and down 등은 줄 타는 거미를 만드는 방법으로, 거미 대신 아이와 아빠의 사진을 인쇄해 달을 따주도록 얘기해요.
유튜브에 '[과학 놀이] 줄을 타고 올라가는 거미 만들기'를 검색하면 나와요.

Ladder[레더] 사다리
thread[뜨레드] 실
I go up and up. 올라간다.
I'm going down and down. 내려간다.

new moon, crescent[크레쓴트]**, waxing gibbous**[웩싱 기버스]**, and full moon**
삭, 초승달, 상현달, 보름달

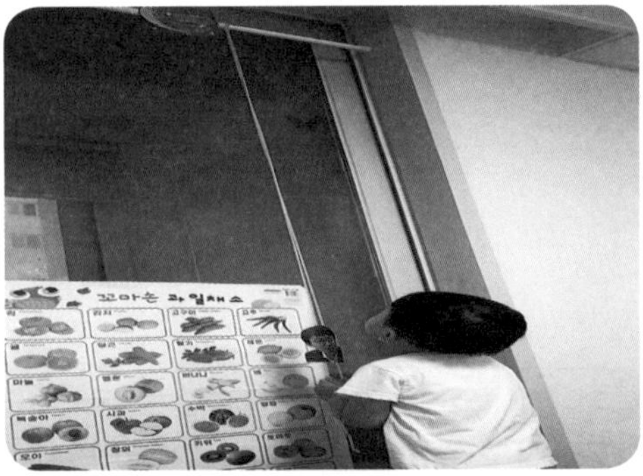

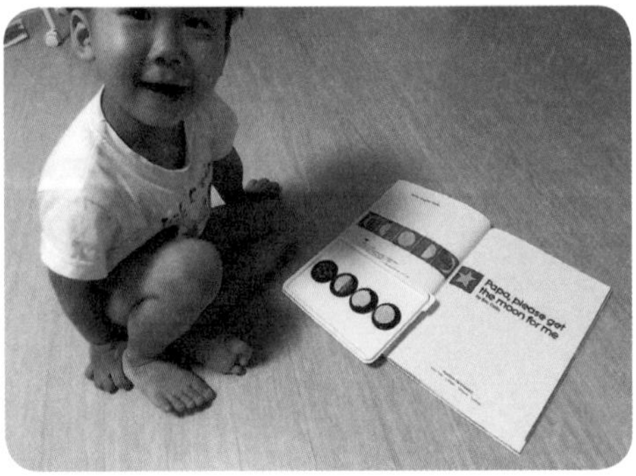

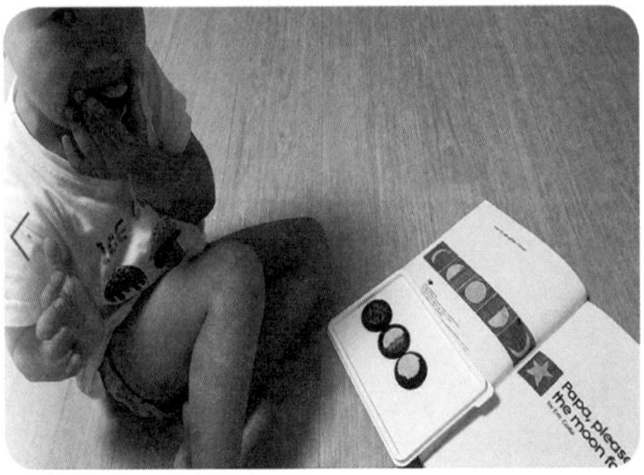

* 준비물 : 실, 인쇄물(아빠 사진, 달), 오레오

Let's speak

What is it?	이건 뭐지?
The moon!	달이요!
Yes. It's the moon. Now, let's read this book!	맞아. 달이지. 이제, 책을 읽어보자!
Do you want to get the moon, too?	너도 달을 갖고 싶니?
Yes.	네.
Then, let your papa get the moon.	그럼, 아빠한테 달을 따 달라고 해보자.
Papa, please get the moon for me.	아빠, 달을 따다 주세요.
Okay. Here's the ladder. Draw this thread, oh, I go up and up. Yeah! I got the moon. Now, I'm going down and down. Here's the moon for you.	좋아. 여기 사다리가 있다. 이 실을 잡아당기면, 오, 아빠 올라간다. 와! 달을 잡았어. 이제, 내려갈게. 여기 달이야.
Wow. Thank you. I'll do it now.	와. 감사해요. 이제 제가 해볼게요.
Look at the sky! Where's the moon?	하늘을 봐! 달이 어디 있지?
Over there.	저기요.
Yes. The moon is smaller than this full moon. Let's see how to change the moon.	그래. 달이 보름달보다 더 작네. 달이 어떻게 변하는지 보자.
Wow. It looks yummy yummy!	와. 맛있어 보여요!
This is the new moon, crescent, waxing gibbous, and full moon. What kind of moon do you want to eat first?	이건 삭, 초승달, 상현달, 보름달. 무슨 달부터 먼저 먹고 싶니?
I want a full moon!	보름달이요!

독서 04

From head to toe

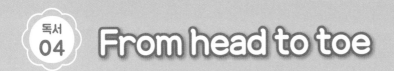

Eric Carle의 《From head to toe》는 동물들이 취하는 포즈들을 엄마가 "Can you do it?" 하면 아이도 "I can do it!" 하면서 포즈를 따라 하고 신체 부위들을 자연스럽게 익힐 수 있어요. 독서 후 head부터 toe까지 다시 한 번 되새겨보고, 손바닥과 발바닥, 발자국 따라가기 게임을 하면서 재미와 함께 대근육을 발달시켜요.

Can you do it?　할 수 있어?

I can do it!　할 수 있어요!

Turn my head, bend my neck.
머리는 옆으로, 목은 굽혀.

* 준비물 : 인쇄 & 코팅된 손바닥, 발바닥

Let's speak

Who is he?	누구지?
Gorilla.	고릴라요.
Yes. He looks funny. Right? Can you do it like him?	맞아. 재밌게 생겼다. 그렇지? 고릴라처럼 할 수 있어?
(Acts the same as a gorilla)	(고릴라 행동 따라 하기)
Wow. Let's read this book together.	와. 같이 책을 읽어보자.
(Read and follow the animals)	(읽으면서 동물 행동 따라 하기)
Now, we don't see the picture. We just tell each other, then we act it out.	이제, 그림은 안 보는 거야. 서로 말해주면, 그대로 행동하는 거야.
Okay.	좋아요.
I am a penguin and I turn my head. Can you do it?	난 펭귄이고 머리를 돌릴 수 있지. 넌 할 수 있니?
I can do it! (Turn his head) I am a giraffe and I bend my neck. Can you do it?	나도 할 수 있어요! (고개 돌리기) 난 기린이고 목을 구부릴 수 있어요. 할 수 있어요?
I can do it! Then, now can you guess what animal I am? Look! We're gonna go from here to there. You can step your hands and feet in order. I will show you first.	나도 할 수 있지! 그럼, 이제 이게 어떤 동물인지 맞출래? 봐! 여기부터 저기까지 가볼 거야. 손과 발 모양 순서대로 밟고 가는 거야. 엄마가 먼저 보여줄게.
Okay. I can do it!	좋아요. 저도 할 수 있어요!

독서 05 Dry Bones

Kate Edmunds의 《Dry Bones》는 《From head to toe》에 이어 우리 몸에 관련된 책으로 연결해서 읽으면 좋아요. 읽은 후 구글 검색이나 키즈클럽에서 뼈 그림을 인쇄해 퍼즐처럼 맞춰보면서 다시 한 번 신체를 영어로 짚어주면 아이가 좋아해요. 우리 아이는 뼈 맞추기 하자고 자주 가져와요.

Our body is made of many bones.
우리 몸은 많은 뼈로 이루어져 있어.

The toe bone's connected to the foot bone.
(foot, ankle, leg, knee, thigh, hip, back, shoulder, neck, and head bone)
발가락뼈는 발뼈와 연결된다.
(발, 발목, 다리, 무릎, 허벅지, 엉덩이, 등허리, 어깨, 목, 머리뼈)

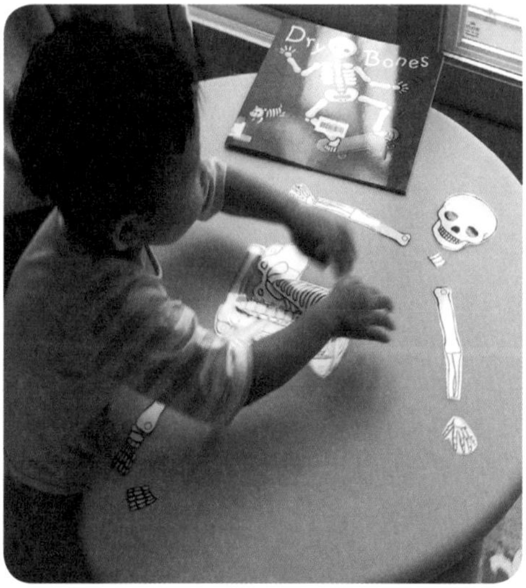

* 준비물 : 인쇄 & 코팅된 뼈 그림

Let's speak

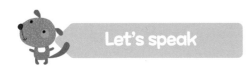

What do you see?	뭐가 보이니?
Bones!	뼈요!
Yes. They're bones, we call it a skeleton. Our body is made of many bones. Let's read the book together.	맞아. 이건 뼈, 우리가 해골이라 부르지. 우리 몸은 많은 뼈로 이루어져 있어. 한번 읽어보자.
Here are our bones. Can you put the puzzle together?	여기 우리 뼈들이야. 맞춰볼 수 있겠니?
Yes. The toe bone's connected to the foot bone. (foot, ankle, leg, knee, thigh, hip, back, shoulder, neck, and head bone)	네. 발가락뼈는 발뼈와 연결되어요. (발, 발목, 다리, 무릎, 허벅지, 엉덩이, 등허리, 어깨, 목, 머리뼈)
Wow. Awesome!	와. 대단해!

독서 06

Go away big green monster

Ed Emberley의 《Go away big green monster》는 눈, 코, 입 모양의 구멍이 있고 몬스터라 아이들이 좋아해요. 읽은 후 주사위 도안에 hair, eyes, nose, mouth, ears, face를 넣어서 몬스터 얼굴을 먼저 완성하는 사람이 이기는 게임을 하면 매우 즐거워하고 단어를 금방 익혀요.

It's a monster dice!
몬스터 주사위야.

hair, eyes, nose, mouth, ears, and face
머리, 눈, 코, 입, 귀, 얼굴

Roll the dice. **Throw the dice.**
주사위를 굴려봐. 주사위를 던져봐.

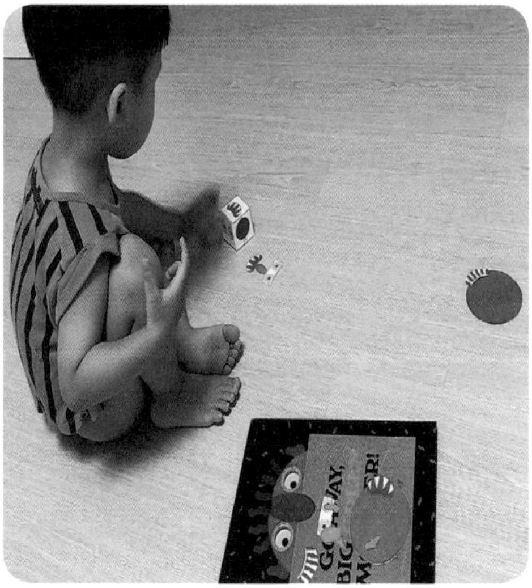

* 준비물 : 얼굴 주사위(프린트), 인쇄된 몬스터 얼굴

Let's speak

Who is he?	누구지?
Monster!	몬스터요!
Yes. Let's read the big green monster story.	맞아. 빅 그린 몬스터 이야기를 같이 읽어보자.
What is it?	그건 뭐야?
A dice!	주사위!
Yes, it's a monster dice! Here are the hair, eyes, nose, mouth, ears, and face. Whoever makes the monster's face first wins. Throw the dice first!	그래, 몬스터 주사위야! 여기 머리, 눈, 코, 입, 귀, 얼굴이 있지. 주사위 돌려서 몬스터 얼굴을 먼저 완성하는 사람이 이기는 거야. 네가 먼저 주사위를 던져봐!
Wow, I have a face!	와, 얼굴이 나왔어요!
OK. It's my turn. (roll the dice) Oh, I get a nose!	좋아. 이번엔 엄마 차례. (주사위 굴리기) 오, 엄마는 코가 나왔다!

독서 07 Lunch

Denise fleming의 《Lunch》는 생쥐가 먹은 각종 과일, 채소와 색깔, 음식의 감촉까지 알기 쉽게 나오면서 재밌게 표현된 책이에요. 구글 검색으로 다양한 활동지나 쥐 모양을 인쇄해 집에 있는 클레이로 책에 나온 것들을 만들어보고 얘기해봐요. 남은 클레이로 공을 후 불어 목표점까지 도달할 수 있도록 미로를 만들어 재밌는 게임을 해봐요.

What's your favorite food?
네가 가장 좋아하는 음식은 뭐야?

*음식의 **감촉**을 나타내는 단어 : crisp, tasty, sweet, tender, tart, sour, bitter, juicy, crunch

*과일, **채소**: turnip, carrot, corn, pea, blueberry, grape, apple, watermelon, seed

* 준비물 : 인쇄한 생쥐 그림, 볼풀공, 클레이

Let's speak

What animal is this?	이거 무슨 동물이지?
A mouse!	쥐요!
He opens his mouth, and what is he going to eat?	쥐가 입을 벌리고, 뭘 먹으려는 거지?
A turnip!	순무!
His feet are smeared with paint. What color is this?	쥐 발이 페인트로 얼룩졌네. 이게 무슨 색이지?
Red.	빨강이요.
What kinds of food did the mouse eat? It's white….	쥐가 무슨 음식들을 먹었어? 흰색의….
turnip!	순무!
Good! Then, orange….	좋아! 그럼, 주황은….
Carrot!	당근!
Excellent! Then, what's your favorite food?	잘했어! (책 순서대로 반복) 그럼, 네가 가장 좋아하는 음식은 뭐야?
I like strawberries.	전 딸기가 좋아요.
Wow. Mommy likes strawberries, too. Now, let's make some fruits and vegetables with clay.	와. 엄마도 딸기가 좋아. 이제, 클레이로 쥐가 먹은 과일과 야채를 만들어보자.
This is a ______________. (carrot/turnip/apple/blueberry/grape/pea/corn)	이건 당근, 순무, 사과, 블루베리, 포도, 완두콩, 옥수수예요.
Now, here's a maze and a ball. Let's blow the ball and get to the finish line.	이제, 여기 미로와 공이 있어. 공을 후 불어서 목표점에 도달해보자.
Let's blow. Whoo Whoo. Oh, finished!	같이 불자. 후후. 오, 도착했어요!

독서 08

Go away Mr. Wolf

Matthew Price의 《Go away Mr. Wolf》나 집에 《아기 돼지 삼형제》를 읽어요. 유튜브에 나온 재밌는 '아기 돼지 삼형제'를 영어로 시청도 하고 같이 노래도 부르면서 종이컵으로 집을 쌓아 아기 돼지와 늑대 놀이를 해봐요. 남은 종이컵으로 그림자놀이까지 이어서 하면 좋아요.

Who made the house with straw/wood?
누가 짚/나무로 집을 만들었지?

Let's stack the paper cups **to make a house.**
종이컵을 쌓아 집을 만들어보자.

"Blow down **the house!"**
집을 후 불어버리자!

* 준비물 : 종이컵

Let's speak

Let's watch 'three little pigs' together. Who made the house with straw?	'아기 돼지 삼형제'를 같이 시청하자. 누가 짚으로 집을 만들었지?
The first little pig.	첫 번째 돼지요.
Good. So the bad wolf blew away the house. Then, who made the house with wood?	좋아. 그래서 나쁜 늑대가 불어서 집을 날렸어. 그럼, 누가 나무로 집을 만들었어?
The second little pig.	두 번째 돼지요.
That's right. So the bad wolf blew away the house again. Then, who made the house with bricks?	맞아. 그래서 나쁜 늑대가 후 불어서 또 집을 날렸어. 그럼, 누가 벽돌로 집을 지었어?
The third little pig.	세 번째 돼지요.
Yes. So when the bad wolf blew out, his house was safe. Now, let's sing a song together.	그래. 그래서 나쁜 늑대가 불었을 때, 집이 안전했어. 이제, 같이 노래 불러보자.
What is it?	이건 뭐지?
Paper cups.	종이컵이요.
Yes. Now we are going to stack the paper cups to make a house. Wow. Your house looks amazing. Will you be a pig or the wolf?	그래. 이제 종이컵을 쌓아 집을 만들어보자. 우와. 네 집이 좋아 보이네. 넌 돼지 할래 늑대 할래?
A pig.	돼지요.
OK. Then, I'm the wolf. Knock knock! Are you there?	좋아. 그럼 엄만 늑대야. 똑똑! 안에 있어요?
Go away!	저리 가!
Whoo Sorry. I have a cold.	후 미안. 감기에 걸려서.

독서 09

The very busy spider

Eric Carle의 《The very busy spider》를 읽고 방 입구에 아이 키에 맞춰 테이프로 거미줄을 만들어요. 그리고 색종이를 이용해 미리 그려놓은 곤충 공을 던지도록 해요. 이후에 하나씩 꺼내 펼쳐보면서 거미줄 이야기와 다양한 곤충에 대해 영어로 익혀요. 젓가락을 이용한 거미줄 속 곤충 구해주기 놀이를 통해 집중력과 소근육도 발달시켜요.

How does it feel? 느낌이 어때?

A spider's web **is** sticky. 거미줄은 끈적여.

Let's see what insects the spider caught. 거미가 무슨 곤충을 잡았나 보자.

A bee, mosquito, fly, dragonfly, and ladybug 벌, 모기, 파리, 잠자리, 무당벌레

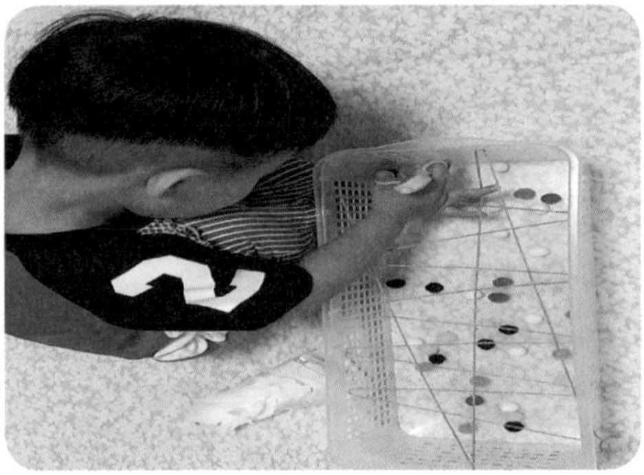

* 준비물 : 테이프, 볼풀공, 색종이, 실, 폼폼이, 젓가락

Let's speak

This is a spider's web! Touch it! How does it feel?	이건 거미줄이야! 만져봐! 느낌이 어때?
Sticky.	끈적거려요.
Yes. A spider's web is sticky. Why?	맞아. 거미줄은 끈적여. 왜 그럴까?
To catch insects!	벌레들을 잡아야 하니까요!
That's right. Here's the ball. There are many insects here. Throw them first! Wow. Let's see what insects the spider caught.	맞아. 여기 공이 있어. 이 안에 많은 곤충이 있단다. 먼저 거미줄에 던져봐! 와. 거미가 무슨 곤충을 잡았나 보자.
(Open the ball) A bee, mosquito, fly, dragonfly, and ladybug.	(공 열기) 벌, 모기, 파리, 잠자리, 무당벌레.
Here's another spider web. Be careful not to touch the web! If you touch the web, the spider will wake up and catch all of the insects. So before it catches all the insects, save them with chopsticks!	여기 또 다른 거미줄이 있네. 거미줄을 건들지 않도록 조심해! 거미줄을 건들면, 거미가 일어나 곤충을 다 잡아먹을 거야. 그러니까 곤충을 잡기 전에, 이 젓가락으로 곤충들을 구해주자!
I will save all the insects, mom.	제가 곤충을 다 구해줬어요, 엄마.

독서 10 Who stole the cookies

유튜브에 "Who took the cookies"를 먼저 검색해서 같이 보고 노래를 부른 후, 《Who stole the cookies from the cookie jar》를 읽어요. 큰 통에 쿠키를 넣어놓고 집에 있는 각종 동물 인형 친구들과 함께해요. 쿠키는 아이 입에 있지만 "Who stole the cookies from the cookie jar? (누가 쿠키 가져갔지?)" 하면 아이가 책에서 본 dog/kitty/mouse/bunny/piggy와 집에 있는 동물 친구들이 가져갔다고 얘기하면서 반복해요.
친구들이 여럿이라면 손바닥만 한 쿠키 그림을 준비하고 수건 돌리기 게임을 할 수 있어요. 둥글게 둘러앉아 술래가 쿠키를 몰래 놓고 자리에 돌아와 라임에 맞춰 "Who stole(took) the cookies from the cookie jar? You took the cookies from the cookie jar? Not me! Then who?" 하고 노래하며 술래를 찾아요.

Who stole(took) **the cookies from the cookie jar?**
누가 쿠키통에서 쿠키를 가져갔지?

You took the cookies from the cookie jar?
네가 쿠키통에서 쿠키를 가져갔지?
(dog/kitty/mouse/bunny/piggy)
개/고양이/쥐/토끼/돼지

Who, me? 누구, 나? Yes, you. 그래, 너.
Not me! 나 아냐. Then who? 그럼 누구야?

* 준비물 : 인형, 쿠키

Let's speak

Here's the cookie jar and there are many cookies. Let's sing together.	여기 쿠키통이 있고 쿠키가 많이 있어. 같이 노래를 불러보자.
Who took the cookie, who took the cookie. Who took the cookies from the cookie jar? Bear/Kitty took the cookies from the cookie jar?	누가 쿠키를 가져갔나, 누가 쿠키를 가져갔나. 누가 쿠키통에서 쿠키를 가져갔지? 곰이/고양이가 쿠키통에서 쿠키를 가져갔나? (반복)
Who, me?	누구, 나?
Yes, you.	그래, 너.
Not me!	나 아냐.
Then who?	그럼 누구야?
Kitty!	고양이야! (반복)
Who, me?	누구, 나?
Yes, you.	그래, 너.
Yes, me! I took the yummy cookies from the jar. Are you hungry?	맞아, 나야! 내가 통에서 맛있는 쿠키 가져갔어. 배고프니?
Yes, I am.	응.
Let's share.	나눠 먹자.
Thank you.	고마워.

독서 11

A hole in the bottom of the sea

Jessica Laws의 《A hole in the bottom of the sea》는 바닷속 친구들 이야기예요. 유튜브에서 같은 제목의 노래를 검색해 함께 따라 부르고 책을 읽은 후, 색종이로 물고기 모양을 꾸미는 weaving crafts(직조공예)를 하고 셀로판지로 작은 바다도 만들어봐요. 《Little blue and little yellow》를 읽고 남은 셀로판지를 작게 잘라 물을 조금 적셔 창문에 테이프로 그림을 그리고 알록달록 붙이도록 해요. 해가 뜨면 알록달록 그림자가 생겨 더욱 좋아해요.

Weave **the paper strips** in and out.
색종이를 들어갔다 나왔다 이렇게 넣어봐.

Draw starfish, fish, sharks, and dolphins **on the cellophane.**
셀로판지 위에 불가사리, 물고기, 상어, 돌고래를 그려봐.

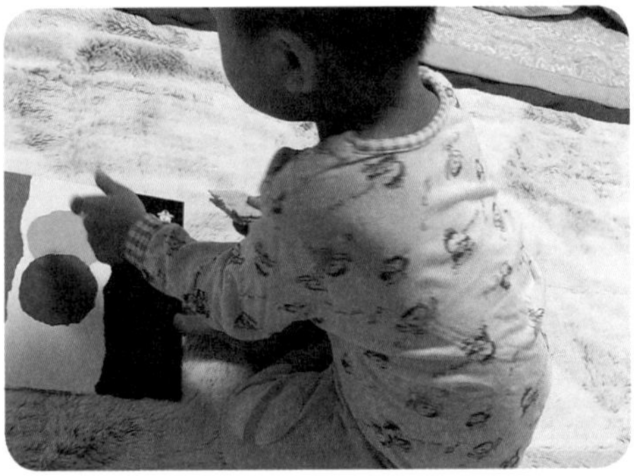

* 준비물 : 색지, 색종이, 셀로판지, 테이프

Let's speak

Let's decorate these fish. Can you cut the paper strips like number one?	이 물고기들을 꾸며보자. 이 색종이들을 숫자 1처럼 길게 잘라줄래?
Yes. Like this?	네. 이렇게요?
Very good. Thank you. There are lots of colored pieces of paper. Now weave the paper strips in and out.	진짜 잘하네. 고마워. 여기 색종이가 많지. 이제 색종이를 들어갔다 나왔다 이렇게 넣어봐.
OK. I can do it.	네. 저 할 수 있어요.
Wow. You made a beautiful fish! Now, let's make a sea world! Draw starfish, fish, sharks, and dolphins on the cellophane.	와. 예쁜 물고기를 만들었네! 이제, 바다 세상을 만들어보자! 셀로판지 위에 불가사리, 물고기, 상어, 돌고래를 그려봐.
(Draw sea animals)	(바다동물 그리기)
Mommy will cut them. And pour some water. Ta-da! It's a sea world. Where's the shark?	엄마가 자를게. 물도 넣고. 짜잔! 바닷속 세계야. 상어는 어디 있지?
Wow. Here.	와. 여기요.
And these pieces of cellophane should soak in water. What do you want to draw?	그리고 남은 셀로판지 조각을 물에 적셔. 뭘 그려줄까?
A car, please.	차요.
OK. Mommy taped a car. Put some pieces of cellophane on the window.	좋아. 엄마가 테이프로 차 그려놨어. 창문에 셀로판 조각을 붙여봐.
Wow. It's a colorful car.	우와. 컬러풀한 자동차네요.

독서 12 Piggies

Audrey Wood & Don Wood의 《Piggies》는 열 마리의 돼지들이 손가락 위에서 각각 재밌는 특징을 보여줘요. 아이와 손가락으로 조물조물하면서 함께 웃고 교감한 이후, 일명 '목침 손가락 찾기'를 진행해서 엄지(thumb)부터 새끼손가락(pinky finger)까지 자연스럽게 익혀요.

Thumb (엄지) **Index finger** (검지)
Middle finger (중지) **Ring finger** (약지)
Pinky finger (새끼)

Mommy will poke my finger.
엄마가 손가락 하나를 콕 찍어볼게.

* 준비물 : 손가락

Let's speak

How many piggies are there?	돼지가 몇 마리지?
Five? Ten?	다섯? 열?
Let's read and look ten piggies.	책을 읽어보고 열 마리 돼지를 살펴보자.
(After reading) I like piggies.	(독서 후) 돼지들이 좋아요.
Look at your finger. What is it?	네 손가락을 봐. 이 손가락은 뭐지?
Daddy finger.	아빠 손가락이요.
Yes. It's a thumb. It's dad.	맞아. 이건 엄지. 아빠 손가락이지.
Thumb. Index. Middle. Ring. Pinky(Little) finger.	엄지. 검지. 중지. 약지. 새끼 손가락.
Excellent! Now, mommy will poke my finger. You will guess which finger is this.	잘했어! 이제, 엄마가 손가락 하나를 콕 찍어볼게. 네가 무슨 손가락인지 맞춰봐.
OK.	좋아요.
(poke finger) Guess which finger?	(손가락 찌르기) 어느 손가락일까?
Thumb!	엄지손가락!
Wrong! It was the ring finger.	땡! 약지였어.

독서 13 Amy, you need a haircut

유통기한이 지난 라면사리가 있길래 플레이 타임의 《You need a haircut》을 읽고 미용실 놀이를 해봤어요. 삶은 면, 물감과 가위를 준비해주고 엄마가 손님이 되어 파마, 염색, 커트까지 영어로 즐겁게 익혀봐요.

I want my hair permed/cut.
저는 파마/커트를 하고 싶어요.

Would you like your hair dyed?
염색하시겠어요?

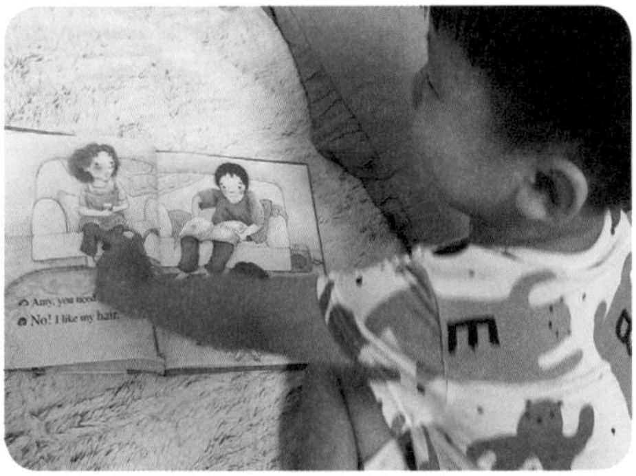

* 준비물 : 삶은 면, 물감, 가위

Let's speak

Knock knock! Is this a hair shop?	똑똑! 여기 미용실이에요?
Yes, come in.	네, 들어오세요.
I want my hair permed.	저는 파마를 하고싶어요.
Would you like your hair dyed?	염색하실래요?
Yes. Dye my hair yellow please.	네. 노란색으로 염색해주세요.
Yellow hair. OK. Done!	노란 머리. 네. 다 했어요!
Thank you. Beautiful!	감사합니다. 예뻐요!
Come again.	또 오세요.
Knock knock! I want my hair cut.	똑똑! 머리를 커트하고 싶어요.
How long?	얼마나 길게요?
Very short, please.	아주 짧게요.
Finished. Do you like your hair?	다 했어요. 마음에 드세요?

독서 14 The Happy Day

Ruth Krauss의 《The Happy Day》는 겨울잠 자는 동물들 이야기예요. 아이는 색종이를 자르도록 하고, 자른 색종이와 출력한 겨울잠 동물들을 자고 있다고 함께 뒀어요. 아빠 머리를 이용해 풍선에 정전기를 일으켜 동물들을 깨워보도록 했어요. 책에 있는 동물에게도 "Wake up"이라고 외치고 있어요.

Who sleeps in winter?
겨울엔 누가 잠을 자지?

Can you wake up sleeping animals with a ballon?
풍선으로 자는 동물들을 깨울 수 있겠니?

Rub the balloon on your dad's hair.
풍선을 아빠 머리카락에 문질러.

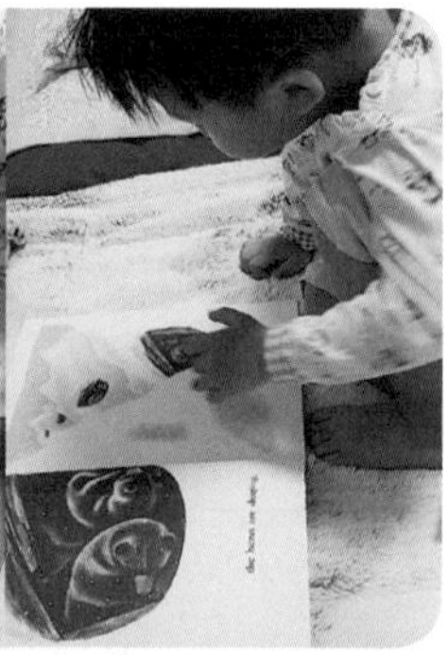

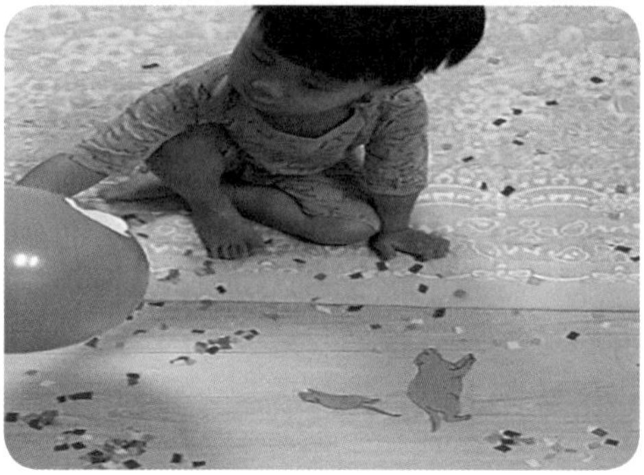

* 준비물 : 색종이, 인쇄한 겨울잠 동물, 풍선

Let's speak

Who sleeps in winter?	겨울엔 누가 잠을 자지?
Bears, snails, squirrels, snakes, racoons, frogs.	곰, 달팽이, 다람쥐, 뱀, 너구리, 개구리.
Very good! Now, will you cut some colored paper?	잘했어! 이제, 색종이를 좀 잘라줄래?
Yeah.	네.
There are some sleeping animals. Can you wake them up with a ballon?	여기에 자고 있는 동물들이 있어. 풍선으로 깨워줄 수 있겠니?
How?	어떻게요?
Rub the balloon on your dad's hair. Look! This is called static electricity. It has the power to pull hairs. Now, let's wake up animals.	풍선을 아빠 머리카락에 문질러. 봐! 이걸 정전기라고 불러. 머리를 끌어당기는 힘이 생긴 거야. 이제, 동물도 깨워보자.
Rub, rub. Wake up! I catch a snail.	문질러, 문질러. 일어나! 저 달팽이 잡았어요!
Oh, you wake him up. Excellent.	오, 네가 달팽이를 깨웠구나. 잘했어.

Faster, faster! Nice and slow!

Nick Sharratt의 《Faster, faster! Nice and slow!》는 비교급 문장들이 많이 나오는 책이에요. 돌잡이수학의 《크다, 커! 작다, 작아!》나 Patricia Mullins의 《Dinosaur encore》를 참고해도 좋아요. 여러 동물의 크기, 빠르기를 먼저 비교해본 후 아이와 함께 가족, 동물 사진으로 휴지 쌓기를 해보면서 크기와 길이를 비교하고 채소, 과일, 과자 등의 맛 비교를 통해 비교 문장을 익혀보아요.

Who's heavier/smaller/faster?
누가 더 무겁지/작지/빠르지?

Which is more delicious?
무엇이 더 맛있어?

I prefer jelly.
난 젤리가 더 좋아.

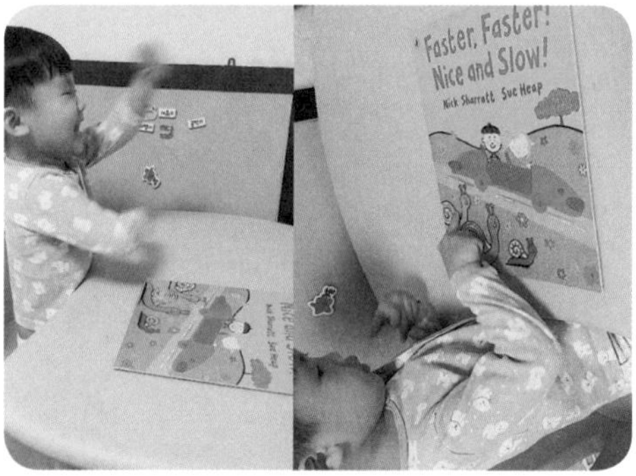

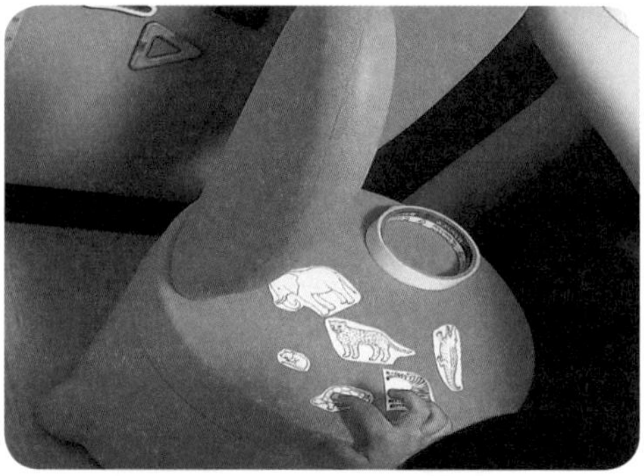

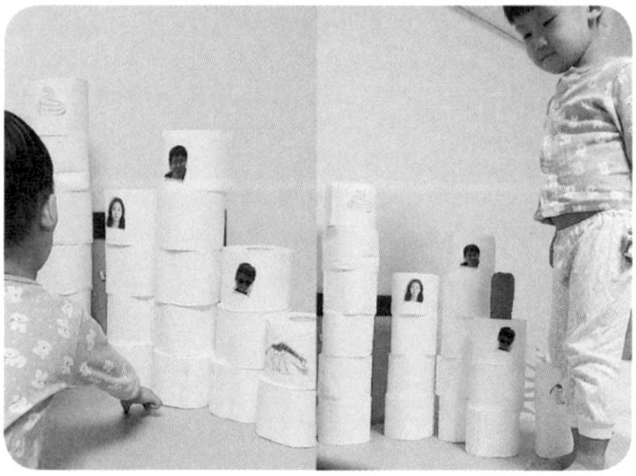

* 준비물 : 휴지, 인쇄한 동물, 각종 채소·과일·과자

Let's speak

The car is driving faster, faster! The snail crawls slower, slower. Look at the animals. Who's heavier? Then who's smaller?	차가 더 빨리, 빨리 달려! 달팽이가 더 느리게, 느리게 기어가. 이 동물들을 봐. 누가 더 무겁지? 그럼 누가 더 작지?
An elephant. A mouse.	코끼리요. 쥐요.
Who's faster?	누가 더 빠르지?
A cheetah.	치타요.
Very good! Now, let's stack up the tissues. Who's the tallest?	잘했어! 이제, 화장지를 쌓아보자. 누가 가장 커?
Daddy is the tallest.	아빠가 가장 커요.
Then? Are you taller than mommy?	그다음은? 네가 엄마보다 크니?
No. Mommy is taller than me.	아니요. 엄마가 저보다 커요.
Now, let's compare some foods. Which is more delicious?	이제, 음식을 비교해보자. 뭐가 더 맛있어?
The Tenten is more delicious.	텐텐이 더 맛있어요.
Oh, I prefer jelly. Which one is harder? A grape or a carrot?	오, 엄마는 젤리가 더 좋은데. 그럼 뭐가 더 단단해? 포도 아니면 당근?
The carrot. But the grape is more delicious. And an apple is the best delicious!	당근이요. 근데 포도가 더 맛있어요. 그리고 사과는 제일 맛있어요!

독서 16 My mum and dad make me laugh

Nick Sharratt의 《My mum and dad make me laugh》는 취향이 확실한 부모님 얘기예요. 함께 책을 읽은 후 인쇄한 엄마와 아빠, 아이 얼굴을 스케치북에 붙이고, 아이가 옷을 꾸며주면서 다양한 도형을 영어로 얘기해봐요.

What kind of shape do you like?
넌 무슨 모양을 좋아하니?

These are the bumpy stripes.
And these are spots and plain ones.
이건 울퉁불퉁 줄무늬야.
그리고 이건 땡땡이와 평범한 모양이야.

* 준비물 : 종이, 부모 & 아이 사진, 스티커, 다양한 모양 색종이, 풀

Let's speak

What was his mother's favorite shape?	이 소년의 엄마가 가장 좋아하는 모양은 뭐였지?
Spots.	땡땡이요.
That's right. How about daddy?	맞아. 그럼 아빠는?
Daddy liked stripes.	아빠는 줄무니를 좋아했어요.
Right. But the boy liked plain ones. What kind of shape do you like?	맞아. 근데 소년은 평범한 것을 좋아했지. 넌 무슨 모양을 좋아하니?
Um. I like pink and alphabet shape.	음. 전 분홍색과 알파벳 모양을 좋아해요.
Haha. OK. Now, let's decorate mum, dad, and baby's clothes.	하하. 좋아. 이제, 엄마, 아빠, 아이의 옷을 꾸며보자.
Wow. What are these?	와. 이건 뭐예요?
Oh, these are the bumpy stripes. And these are spots and plain ones.	오, 이건 울퉁불퉁 줄무니야. 그리고 이건 땡땡이와 평범한 모양이야.
I will decorate right now.	지금 당장 꾸며볼래요.

엄마와 함께 집콕 영어놀이

PART 3

보드게임을 이용한 엄마표 영어

게임 01 Zingo 빙고

연두색과 빨간색 빙고판이 6개씩 있어요. 키트를 밀고 당기면 두 개씩 단어가 나와요. 자기 판에 있는 단어를 먼저 외치는 사람이 가져갈 수 있어요. 빙고판을 모두 채우면 승리! 아이와 할 땐 이길 듯 거의 져줘야 하지만, 3세 아이도 단어를 금새 외워 말할 때 뿌듯함이 있어요.
Zingo word builder는 단어를 읽고 쓸 줄 아는 아이와 다양한 단어를 만들어볼 수 있어요.

"I have ________________"
I have a duck!

 # 카드 속 단어 #
fish, yo-yo, bat, hat, duck, cup, cake, bug, kite, deer, peacock, ball, ghost, panda, heart, foot, owl, cat, bunny, house, bird, sun, shoe, T-rex, apple

Let's speak

What color do you want to play? The green board? or Red board?	무슨 색 빙고판으로 게임을 할까? 녹색? 빨간색?
The green board.	녹색이요.
OK. Let's play with the green board. Pick one board. Mommy will choose this one. Let's look over it for a minute! Are you ready?	좋아. 녹색 빙고판으로 게임하자. (6개 중) 1개를 골라봐. 엄마는 이걸 고를래. 우리 이거 잠깐 훑어보자! 준비됐니?
Yes.	네.
I have a rabbit!	저 토끼 있어요!
Oh, I have a rabbit, too.	앗, 엄마도 토끼 있었는데.
Finished! I win!	끝! 제가 이겼죠!
Oh, you won! I could have won. I needed a 'ghost'. Will you find 'ghost' card with me?	오, 네가 이겼네! 이길 수 있었는데. 엄마는 'ghost'가 필요한데. 같이 'ghost' 카드 좀 찾아줄래?
Wow. I found 'ghost'. I finished, too! Thank you for helping me.	와. 찾았다. 엄마도 끝냈어! 도와줘서 고마워.

게임 02 Dobble

카드를 한 장씩 나눠 갖고, 나머지는 테이블 중앙에 쌓아놔요. 카드 한 장에 8개의 그림이 있는데, 자기 카드와 중앙 카드에 있는 같은 그림을 먼저 찾아 외치는 순발력 게임이에요. 카드를 가장 많이 가진 사람이 승리! 카드를 누가 더 많이 가져갔나 숫자를 셀 때도 영어로 해요.

"I have ______________"
I have a carrot!

 # 카드 속 단어 #
heart, lightning, exclamation mark, car, apple, ice, igloo, flower, eye, dolphin, ladybug, cheese, skull, ox, sun, zebra, cactus, question mark, dog, lock, water drop, horse

Let's count how many cards **you have!**
이제 카드 몇 장인지 세보자!

You have more than me.
네가 엄마보다 많네.

You won! **I** lost.
네가 이겼어! 엄마가 졌네.

Let's speak

Look at this picture! What is it? 이거 봐! 이건 뭘까?

A carrot! 당근이요!

Great. Then, let's get a card.
Now, if you have the same picture, you say "I have a~". For example, I have a zebra! You have an eye!
좋아. 그럼, 카드 한 장씩 갖자. 이제, 만약 같은 그림이 있으면, "I have a~"를 말하는 거야. 예를 들어, 난 얼룩말 있어! 넌 눈이 있네!

OK, I see. 네, 알겠어요.

Let's play! Oh, I had a cactus, too. Finish! Let's count how many cards you have!
시작하자! 오, 엄마도 선인장 있었는데. 끝! 이제 카드 몇 장인지 세보자!

one, two, three…. 하나, 둘, 셋….

Oh, you have more than me. You win! 오, 엄마보다 많네. 네가 이겼어!

게임 03 Guess Who

이 게임은 우리 4세 아이가 규칙을 이해하기에 조금 어려움이 있었어요. 6세 이상이라고 쓰여 있어요. 우선 인물 카드 한 명씩 뽑아 꽂아놓고 스무고개처럼 질문을 통해 상대편 인물을 맞추는 게임이에요. 가령 "모자를 썼니?", "안경을 썼니?", "긴 머리야?" 등등을 물어서 아닌 것들을 없애나가요. 제가 가르치는 중학생들도 매우 재미있어 하는 게임이에요.

Is the person wearing glasses?
그 사람은 안경을 썼니?

Is the person wearing a hat?
그 사람은 모자를 썼니?

Does the person have short hair?
그 사람은 짧은 머리야?

long hair(긴 머리), short hair(짧은 머리),
bald(대머리), mustache(콧수염), beard(턱수염)
skin color - white, black, Asian

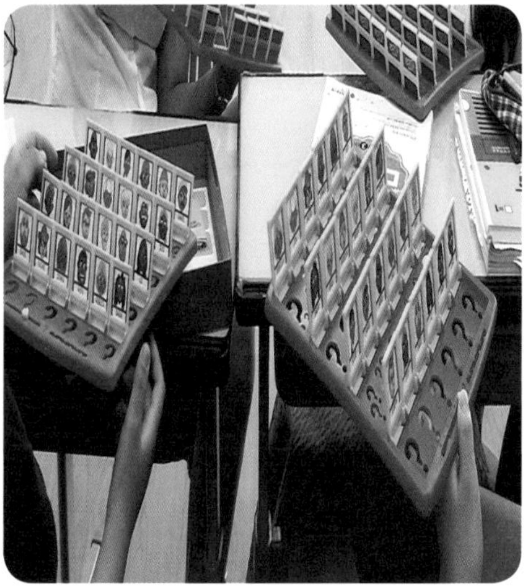

Let's speak

Choose one person and put the card here. We can guess who the person is. I'll ask you first.
Is the person wearing glasses?

한 명을 고르고 카드를 여기에 꽂아. 서로 그 사람이 누구인지 맞추면 돼. 내가 먼저 질문할게.
그 사람은 안경을 썼니?

No. It's my turn. Does the person have Long hair?

아니오. 이제 제 차례예요.
긴 머리예요?

Yes. Is the person wearing a hat?

응. 그 사람은 모자를 썼니?

Yes. Is the person Asian?

네. 아시아 사람이에요?

No. Does the person have short hair?

아니. 짧은 머리야?

No.

아니오.

I know the person. She is Sarah! Am I right?

알겠다. 그녀는 사라야! 맞지?

You're right. How did you know that so easily?

맞아요. 어떻게 이렇게 쉽게 알았어요?

게임 04 Go Fish 고 피쉬

고 피쉬는 같은 단어 카드가 2개씩 있어서 서로 맞추는 게임이에요. 게임은 주제별로 ABC, supermarket, school, travel, my town, 또는 명사, 형용사 등 다양하게 있어요. 그중 ABC는 가장 기초 카드예요. 처음엔 하나씩 바닥에 놓으면서 단어를 모두 익히고, 한 사람이 카드 2개를 밟으면 다른 한 사람이 여기저기에 놓인 똑같은 카드를 찾아 밟는 게임이에요. 다리를 찢어야 할 수도 있어서 매우 즐거워해요.
단어를 조금 익힌 후에는 원래 고 피쉬의 방법인 “Do you have~?”를 이용해 메모리 게임이 가능해요.

Step on **two cards.**
두 카드를 밟고 서봐.

My legs hurt.
나 다리 아파.

Do you have **a carrot?**
당근 카드 있니?

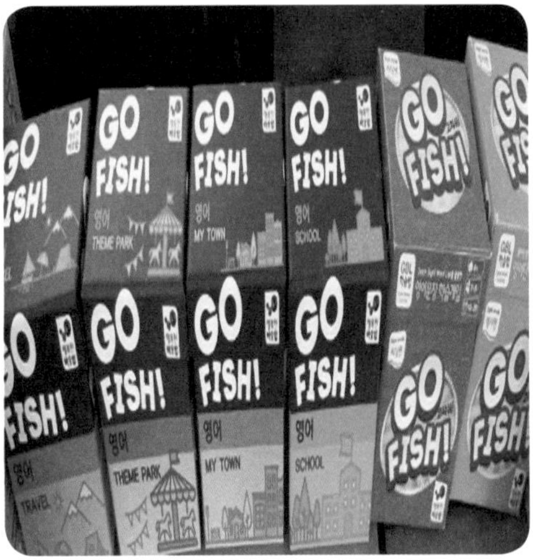

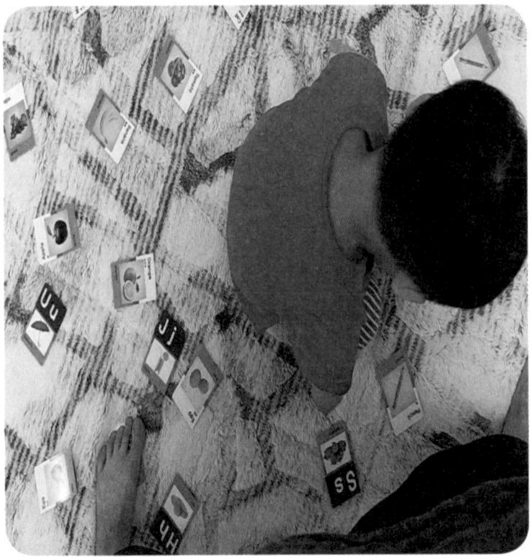

Let's speak

Look at this card. What is it?	이 카드 봐. 뭐지?
Carrot, Coffee, Vegetable, Fruit, Cabbage, Sugar, Milk···.	당근, 커피, 야채, 과일, 양배추, 설탕, 우유···.
You step on two cards. Then, mommy will step on the same cards.	두 카드를 밟고 서봐. 그럼, 엄마가 똑같은 카드를 찾아 밟을게.
OK. I stepped on an orange and a cherry!	알겠어요. 오렌지랑 체리 밟았어요!
Orange and cherry. Oh no, my legs hurt.	오렌지랑 체리. 으아, 엄마 다리 아파.
Ha ha. It's your turn.	하하. 이제 엄마 차례예요.
OK. Mommy steps on sugar and milk!	좋아. 엄마는 설탕이랑 우유 밟았어!
Sugar and milk. I can't step on them.	설탕이랑 우유. 밟을 수가 없어요.

게임 05

Genga 젠가 & 주차놀이

국민 보드게임 젠가는 아주 어린 아이도 부모님과 함께 잘해요. 이 젠가를 조금 변형시켜 아이가 직접 젠가로 주차장을 만들고 집에 있는 다양한 탈것을 주차해보면서 자연스럽게 단어를 익혀요.

Let's build a parking lot together!
같이 주차장을 만들자!
장소# hospital, supermarket, police station, fire station, library, OO's house

I will park a truck here.
탈것# car, truck, bus, school bus, taxi, airplane, fire truck, police car, ambulance, excavator, ship, diggers, dump truck, garbage truck, mixer truck, bulldozer, tractor

Let's speak

Let's build a parking lot together!
Now, let's park some vehicles in the parking lot!
같이 주차장을 만들자!
이제, 탈것을 주차장에 주차해보자!

I will park the bus here.
여기엔 버스 주차할래요.

I will park a truck over there.
엄마는 저기에 트럭 주차할래.

참고 – 엄마가 먼저 상황을 설정해주고 영어로 자주 놀아주면 아이도 금방 따라해요.

· Oh, my bus fell down.
오, 버스가 아래로 떨어졌어.

· My airplane crashed.
내 비행기가 추락했어.

· It flipped over.
차가 뒤집어졌어.

· Let's pull over there.
일단 저기에 차를 세우자.

· The car accident! My car is hit by the mixer truck.
차 사고야! 내 차가 믹서트럭을 받았어.

· Are you hurt? Were there any injuries?
너 다쳤어? 부상당한 사람은 없니?

게임 06 할리갈리(숫자 & 과일)

흔히들 아는 숫자를 더하는 할리갈리 게임은 4세인 제 아이에겐 어려움이 있어 다른 방법으로 게임을 했어요. 우선, 카드를 3장씩 나누고 아빠가 딸기/바나나/자두/라임 카드 중 선택한 카드가 있는 사람이 이기는 걸로 했어요. 또한 각자 숫자가 가장 큰 또는 가장 작은 카드를 내서 이기는 게임을 했는데 숫자놀이와 비교 표현 익히기에 큰 도움이 되었어요.

Who has a ____________ card?
(strawberry/banana/plum/lime)
딸기/바나나/자두/라임 카드 갖고 있는 사람?

Put down **the card with** the **highest/lowest number.**
각자 가장 큰/작은 숫자 카드 내세요.

You have more than **me.**
네가 엄마보다 많네.

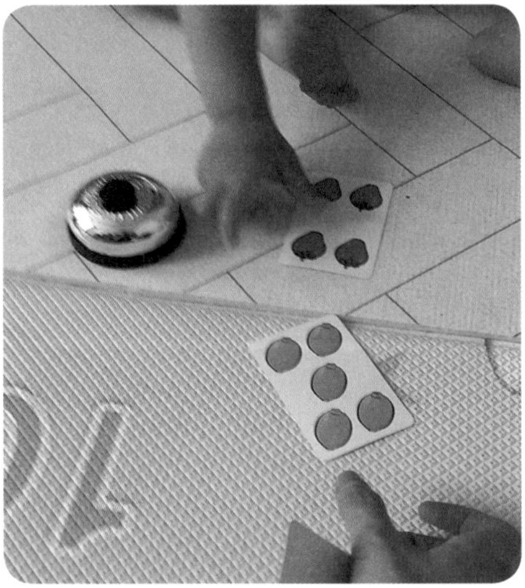

Let's speak

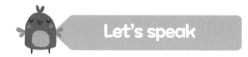

We'll get 3 cards each. One, two, three. Don't show me your card!	우리 3장씩 카드 갖자. 1, 2, 3. 네 카드 보여주지 마!
OK.	네.
Who has a ____________ card? (strawberry/banana/plum/lime)	딸기/바나나/자두/라임 카드 갖고 있는 사람?
Oh I have! Ding!	저요! 땡! (종 울리기)
Oh you win! Then, put down the card with the highest number.	오 네가 이겼네! 그럼, 이번엔 가장 큰 숫자 카드 내세요.
I win. I have five!	제가 이겼어요. 저 5 갖고 있어요!
Wow, you have more than me. You have 5 plums. Mommy has 3 limes. You win again!	와, 네가 엄마보다 많네. 넌 자두 5개네. 엄만 라임 3개. 네가 또 이겼어!

게임 07 브레인 박스

브레인 박스 보드게임은 여러 가지 시리즈로 구성되어 있는데, 어린아이들은 My first pictures를 이용하면 좋아요. 다양한 카드, 모래시계, 주사위가 들어 있어요. 모래시계가 다 떨어질 때까지 카드를 잘 보고 기억하고 있다가 카드 뒤에 있는 영어 문제를 맞추면 되는 기억력 테스트 게임이에요. 구매가 어렵다면 집에 있는 그림 카드를 이용해 10초의 시간을 주고 영어 퀴즈를 내도 좋아요. 아이가 실력이 된다면 영어로, 실력이 안 된다면 한글로 퀴즈를 내고 대신 엄마는 영어로 정답을 말해요.

hourglass [아우어글래스] 모래시계
dice [다이스] 주사위

Choose a card and remember the picture.
카드 한 장 고르고 그림을 기억해야 해.

The clock is ticking.
시간이 흐르고 있어.

Roll the dice. 주사위를 던져봐.

Let's check the answer.
정답을 확인해보자.

Let's speak

Here are some cards, an hourglass, and a dice. You can choose a card and should remember the picture.	여기 카드, 모래시계, 주사위가 있어. 카드 한 장 고르고 그림을 기억해야 해.
I want this card.	저는 이 카드 할래요.
OK, ready? Go. The clock is ticking. Tick-tock tick-tock. Stop! Roll the dice. Number 1. How many balls were there?	좋아, 준비됐지? 시작. 시계가 가고 있네. 똑딱똑딱. 그만! 주사위를 던져봐. 1번. 공이 몇 개 있었니?
Three.	3개요.
Let's check the answer. Yes, 3. You can get this card. Now, it's my turn.	정답을 확인해보자. 맞네, 3. 이 카드를 획득했어. 이제, 엄마 차례야.

게임 08 폭탄 돌리기 Bomb!

폭탄 하나와 카드 55장으로 구성되어 있고, 카드에 나온 주제와 연관된 단어 아무거나 하나씩 얘기하고 폭탄과 함께 패스! 언제 터질지 모르는 폭탄을 마지막에 가지고 있는 사람이 지는 거예요. 폭탄으로 다양한 복습 게임도 가능해요. 알파벳을 한참 알아가는 단계인 우리 아이의 경우, 아빠가 불러주는 알파벳을 빨리 찾아 엄마에게 폭탄을 넘기는 게임을 하니 즐겁게 학습 효과가 배가되었어요. 또한 파닉스를 배우고 나서 학습한 단어들을 폭탄과 함께 돌아가면서 읽도록 하는 등 얼마든지 다양한 게임으로 변형할 수 있어요.

It's a bomb! 이건 폭탄이야!

Bomb! 폭탄 빵!

Say any words about the card.
카드와 관련된 아무 단어를 말해봐.

Pick the letter and pass the bomb.
글자를 가져가고 폭탄은 넘겨.

I'm really nervous. 정말 떨려요.

Let's speak

Do you know what it is?	이게 뭔지 아니?
A ball?	공?
No. It's a bomb! Look at the cards and say any words about the card. Let's play the game. I'll go first. Airplane! (sky)	아니. 이건 폭탄이야! 카드를 보고 카드와 관련된 단어 아무거나 얘기하면 돼. 일단 게임을 해보자. 엄마가 먼저 할게. 비행기! ('하늘'과 관련 단어)
Snowman! (winter)	눈사람! ('겨울'과 관련 단어)
Bomb!	폭탄 빵!
Wow, I win.	와, 제가 이겼어요.
Now, let's try the alphabet! Papa will say any alphabet letters. Then, pick the letter and pass the bomb.	이제, 알파벳으로 해보자! 아빠가 알파벳을 아무거나 불러줄 거야. 그럼, 그 알파벳을 가져가고 폭탄을 넘기면 돼.
OK. I'm ready. I'm really nervous.	알겠어요. 준비됐어요. 진짜 떨려요.

게임 09 타임 리미트 기억력 게임

같은 그림 두 개를 맞추는 기억력 게임이에요. 기성품 기억력판 위에 알파벳, 파닉스, 단어 게임 등을 적거나 붙여서 복습 게임으로도 다양하게 변형해 사용할 수 있어 활용도가 높아요.

Will you **pick a card?** 카드 골라볼래?

Remember the pictures. 그림을 기억해.

Time's up. 시간이 다 됐어.

Cover up **all the pictures now.** 이제 그림을 덮을 거야.

Let's match **the pictures!** 그림을 맞춰보자!

Let's speak

Will you pick a card?	카드 골라볼래?
I want this.	전 이거요.
OK. Now, you should remember the pictures until the hourglass runs out.	좋아. 이제, 모래시계가 다 떨어질 때까지 그림을 기억해야 해.
Yes, I'm ready.	네, 준비됐어요.
Stop. Time's up. Cover up all the pictures now. Let's match the pictures!	그만. 시간이 다 됐어. 이제 그림을 덮을 거야. 맞춰보자!
(Match the pictures) This is an elephant here.	여긴 코끼리.
Wow. How smart you are!	와. 똑똑해!

게임 10 알파벳 사냥

보통 아이들이 알파벳을 대문자부터 익히죠. 저 역시 아이가 대문자는 모두 알지만 소문자를 몰라 alphabet hunt를 했어요. 집 안에서 알파벳을 찾아 오려서 붙이도록 하면 아이가 소문자도 스스로 찾고 재밌게 익힐 수 있어요.

These are small letters.
이건 소문자야.
cf) 대문자 : Capital letters

Cut the letters and paste it.
알파벳 오려서 붙여.

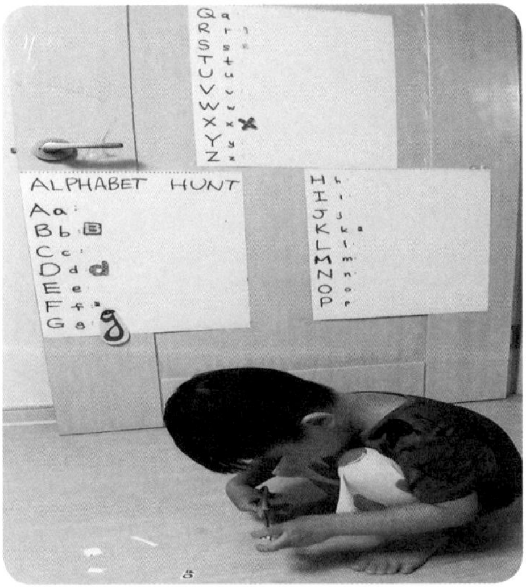

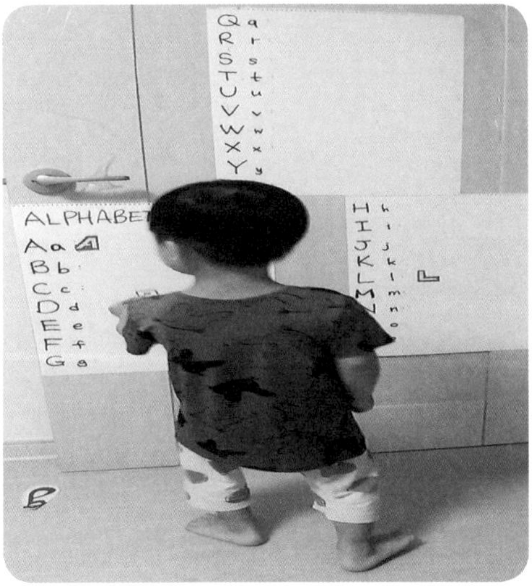

Let's speak

We will find alphabet letters. A, B, C.
우리 알파벳을 찾아볼 거야. A, B, C.

OK, good!
네, 좋아요!

Mommy will write a, b, c.
엄마가 a, b, c 쓸게.

Uh? Mommy. What is this?
어? 엄마. 이건 뭐예요?

These are small letters. You can see many small letters, too.
이건 소문자야. 넌 소문자도 많이 보게 될 거야.

OK. Let's find them! I found D, d!
알겠어요. 찾아봐요! 저 D, d 찾았어요!

Good! Cut the letters and paste it.
좋아! 알파벳 오려서 붙여.

엄마와 함께 집콕 영어놀이

PART 4

과학놀이를 이용한 엄마표 영어

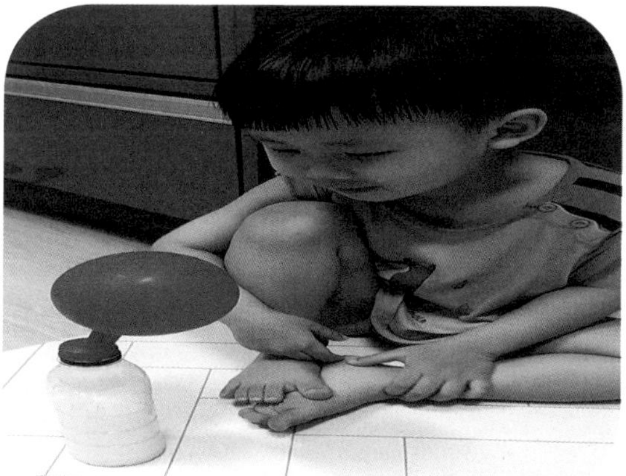

과학 01 물에서 피는 꽃 & 접시 그림

1. 크기를 각기 다르게 해서 색종이로 꽃잎을 오린 후 하나씩 접어 물 위에 띄우면 서서히 꽃이 피어요.
2. 보드마카로 접시 위의 그림에 약병으로 물을 뿌리면 그림이 물 위에 동동 나타나요.

Fold all the petals[페틀스]. 꽃잎을 접어.

Will you float the flowers?
꽃을 물에 띄워볼래?

The flowers are blooming!
꽃이 피고 있어!

Pour some water gently and they're floating on water.
물을 조심히 부으면 물에 뜨지.

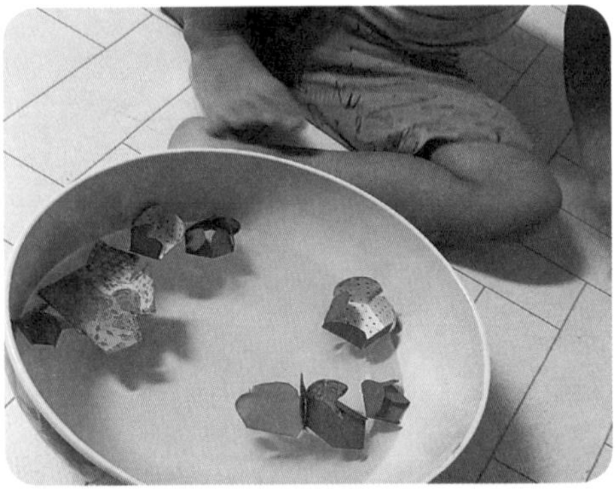

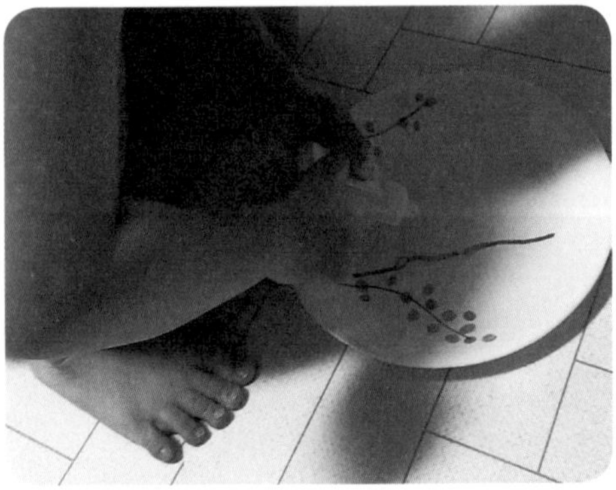

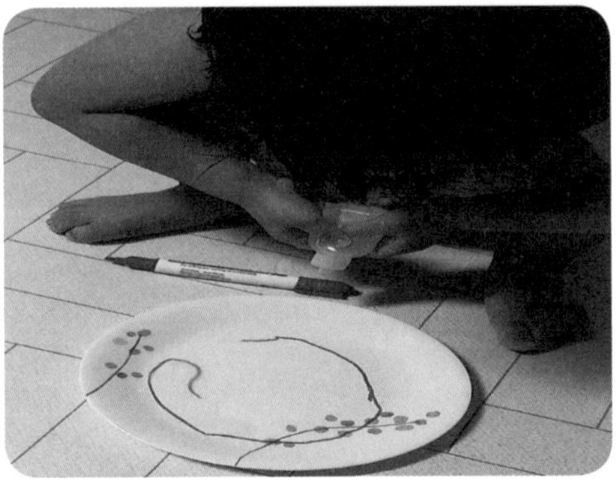

* 준비물 : 색종이, 약병, 보드마카

Let's speak

Do you know what it is?	이게 뭘까?
A flower.	꽃이요.
Yes. And its petals. Can you fold all the petals?	그래. 이건 꽃잎이야. 꽃잎 좀 접어줄래?
Okay.	네.
Now will you float the flowers?	이제 꽃들을 물에 띄워볼까?
(Float them) Wow. The flowers opened.	와. 꽃이 열려요.
Yes. The flowers are blooming! Here's the plate and a color pen. Now you can draw anything. Mommy will draw the flowers.	맞아. 꽃이 피고 있어! 여기 접시와 보드마카가 있어. 이제 아무거나 그려봐. 엄마는 꽃을 그려볼게.
I will draw circle and TobotX.	저는 동그라미와 또봇X를 그릴래요.
Good! Now, we will pour some water gently.	좋아! 이제, 조심히 물을 부을 거야.
(Pour water) Wow!	와!
They are floating on water.	그림이 물에 뜨지.

과학 02 토마토 띄우기

바닷물에서 사람의 몸이 더 잘 뜨는 원리와 같이 그냥 물에서는 가라앉는 방울토마토가 소금물에서는 뜨는 것을 보여주며 magic이라고 해봐요.

Pour some water.
물을 부어봐.

Are they sinking or floating?
가라앉니 뜨니?

Taste it. It's salty.
맛을 봐. 짜다.

* 준비물 : 소금, 토마토

Let's speak

I'll show you a wonderful magic trick. Pour some water here.	엄마가 멋진 마술을 보여줄게. 여기에 물을 부어봐.
(Pour water)	(물 붓기)
And put these tomatoes here. Are they sinking or floating?	토마토를 넣어봐. 가라앉니 뜨니?
Sinking.	가라앉아요.
Yes. Now pour this water here. Are they sinking or floating?	그래. 그럼 이번엔 이 물을 부어봐. 가라앉니 뜨니?
Uh? They're floating.	어? 토마토가 떠요.
Yes. Do you know what happened to this water? Just taste it.	그래. 이 물에 무슨 일이 일어난 거지? 맛을 좀 봐.
(Taste the water) Eww. It's salty.	으. 짜요.
Yes. I put some salt here. You can swim in the ocean well, right?	맞아. 엄마가 소금을 넣었지. 바닷물에선 몸이 잘 떠서 수영을 잘할 수 있어, 그렇지?
Ah. Because it's salty.	아. 바닷물이 짜서 그렇구나.
That's right!	맞아!

과학 03 클립을 이용한 자석놀이 1

페트병에 물을 채우고 알록달록한 클립을 넣은 후, 누가 더 클립을 빨리 끌어올려 밖으로 빼내는지 아이와 시합해요. 앞에서 했던 'pull and push' 놀이와 연결하면 집중력도 길러주고 자석의 원리를 이해하기가 더 쉬워져요.

[참고] 핑크퐁 Fun Magnet Song

Fill it up with water.
물을 가득 채워.

***색** - red, orange, yellow, green, blue, purple 빨강, 주황, 노랑, 녹색, 파랑, 보라

Whoever pulls out these clips with this magnet first wins.
이 클립들을 자석으로 빨리 꺼낸 사람이 이기는 거야.

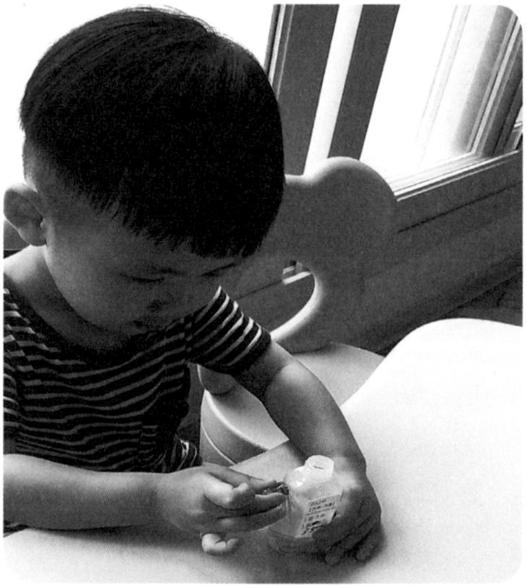

* 준비물 : 페트병(약병), 클립, 자석

Let's speak

Here's the bottle. Fill it up with water. Now, put in some clips. What color do you want to put in?
여기 병이 있어. 물을 가득 채우고. 이제, 클립을 넣으렴. 무슨 색 클립을 넣고 싶니?

Red, orange, yellow, green, blue, purple, … all.
빨강, 주황, 노랑, 녹색, 파랑, 보라, … 전부 다요.

Okay. Now, whoever pulls out these clips with this magnet first wins.
좋아. 이제, 이 클립들을 자석으로 빨리 꺼낸 사람이 이기는 거야.

(Pull out clips)
(클립 꺼내기)

Wow, you win and I lose!
와, 네가 이기고 엄마가 졌네!

Let's try again.
또 해봐요.

과학 04 클립을 이용한 자석놀이 2

바다에 사는 동물들을 인쇄해 클립을 끼우고 집에 있는 자석을 이용해 엄마가 불러주는 동물을 낚시해봐요.

[참고] 《A Hole in the Bottom of the Sea》 책과 유튜브 노래

Do you want to go fishing?
낚시하고 싶어?

***Sea animals** - crab, sailfish, starfish, blowfish, octopus, shark, turtle, walrus, jellyfish, clam, seahorse, ray, seal, dolphin, penguin, eel, squid
게, 새치, 불가사리, 복어, 문어, 상어, 거북이, 바다코끼리, 해파리, 조개, 해마, 가오리, 물개, 돌고래, 펭귄, 장어, 오징어

* 준비물 : 인쇄한 바다동물 사진, 낚싯대(막대, 실, 자석), 클립

Let's speak

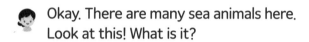

Do you want to go fishing?	낚시하고 싶어?
Yes!	네!
Okay. There are many sea animals here. Look at this! What is it?	좋아. 여기 바다동물들이 많아. 이거 봐! 이건 뭘까?
Crab, sailfish, starfish, blowfish, octopus, shark, turtle, walrus, jellyfish, clam, seahorse, ray, seal, dolphin, penguin, eel, squid.	게, 새치, 불가사리, 복어, 문어, 상어, 거북이, 바다코끼리, 해파리, 조개, 해마, 가오리, 물개, 돌고래, 펭귄, 장어, 오징어.
Here's the magnet. What do you want to catch first?	여기 자석이 있어. 뭐부터 낚시해볼까?
I like shark.	상어요.
Oh, good! You are good at fishing. Mommy wants to catch a crab.	오, 좋아! 낚시 잘하네. 엄마는 게를 잡을래.

과학 05 양초 그림 보물찾기

먼저, 스케치북에 양초로 그림을 그리고 그 위를 검정 물감으로 색칠하면 그림이 나와 아이가 좋아해요. 이번엔, 종이에 사인펜으로 그림을 그리고 그 위에 그림을 양초로 문지른 후 다시 검정 물감을 색칠하면 일명 '동전 긁는 복권'과 같아져요. 사탕, 과자, 각종 과일 등을 그려놓고 보물찾기 놀이에 이용하면 좋아요. 숨긴 장소를 영어로 힌트를 주면서 behind, under, in, on, between, next to 등을 자연스럽게 알려줘요.

Draw anything with this candle.
양초로 아무거나 그려보자.
Rub your drawings with a coin.
동전으로 긁어봐.
(Treasure hunts 보물찾기) It's behind the curtain/under the pillow/in the drawer/on the trash can/next to the couch.
커튼 뒤/베개 아래/서랍장 안에/쓰레기통 위에/소파 옆에 있어.

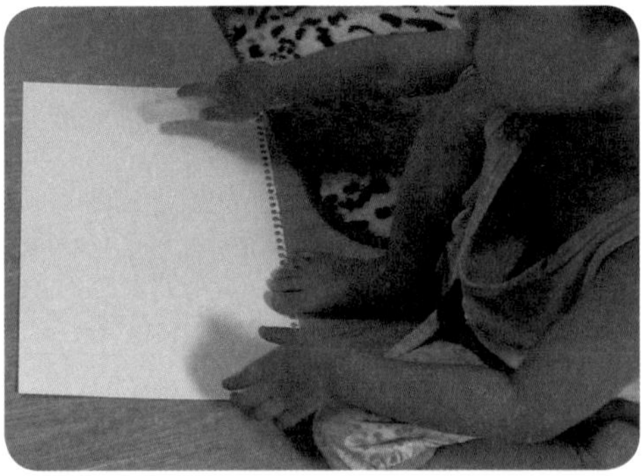

* 준비물 : 종이, 검정 물감, 붓, 양초, 동전

Let's speak

Here's piece of paper and a candle. You can draw anything with this candle. Mommy will draw a car. You can't see anything, can you? Now, mommy will paint here with black paint.	여기 종이와 양초가 있어. 양초로 아무거나 그려보자. 엄마는 차를 그릴게. 아무것도 안 보여, 그렇지? 이제, 검정 물감으로 색칠해볼게.
Oh, I can see a car! Cool! I will draw a ladybug!	오, 차가 보여요! 멋진데요! 전 무당벌레를 그려볼래요!
Wow, it's a beautiful ladybug!	와, 예쁜 무당벌레네!
Now, here are some pieces of paper and a candle. You can draw anything with a pen.	자, 여기에 종이와 양초가 있어. 펜으로 아무거나 그려봐.
(Draw)	(그리기)
Now, you rub your paintings with this candle and cover them with black paint. (Scrub and paint) Now, scrub your drawings with a coin.	이제, 네 그림 위에 양초로 문지르고 검정 물감으로 덮어보자. 이제, 동전으로 긁어봐.
Wow. I can see my drawings.	와. 그림이 보여요.
Now, mommy will draw some treasures and hide them. You should find the treasures. It's behind the curtain/under the pillow/in the drawer/on the trash can/next to the couch.	이제, 엄마가 보물 몇 개를 그려서 숨길 거야. 보물을 찾으면 돼. 커튼 뒤/베개 아래/서랍장 안에/ 쓰레기통 위에/ 소파 옆에 있어.
OK! It sounds fun. (Treasure hunts) Scrub scrub! I found candy!	좋아요! 재밌겠는데요. (보물찾기) 문질러 문질러! 저 사탕 찾았어요!

과학 06 드라이아이스 비눗방울

아이스크림을 먹을 때 넣어주는 드라이아이스를 이용해 아이와 놀아봐요. 물이 담긴 컵에 드라이아이스를 넣으면 구름 같아져요. 여기에 주방세제와 물을 부으면 비눗방울이 생겨요.

Can you drop the dry ice here?
드라이아이스를 여기에 떨어뜨려볼래?

What does it look like?
뭐 같아 보이니?

It looks like clouds.
구름 같아요.

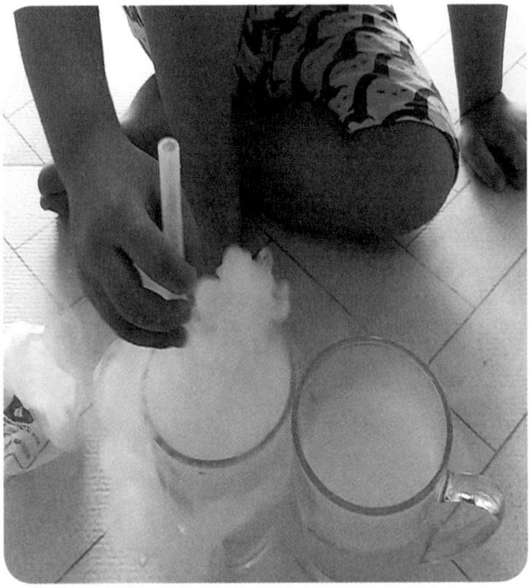

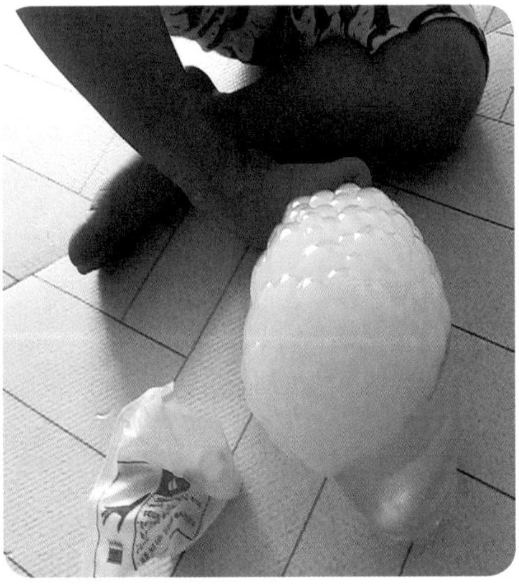

* 준비물 : 드라이아이스, 주방세제

Let's speak

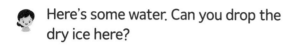

Here's some water. Can you drop the dry ice here?	여기 물이 든 컵이 있어. 드라이아이스를 여기에 떨어뜨려 볼래?
Okay.	네.
What does it look like?	뭐 같아 보이니?
It looks like clouds.	구름 같아요.
Yes. Also it looks like a fire! Now, can you pour some detergent into the water?	그래. 또 불난 거 같기도 한데! 이제, 세제 물을 부어볼래?
OK. Wow. It's a bubble foam.	네. 와. 거품이에요.

과학 07 풍선이 부풀어요 & 화산 폭발

작은 페트병에 식초를 넣고 깔때기를 이용해 입구에 베이킹소다를 풍선의 절반 정도 넣어 끼워줘요. 풍선을 똑바로 세우기 시작하면 소다의 염기성, 식초의 산성으로 기체 반응이 일어나 풍선이 저절로 부풀어요. 요구르트 병에 아이가 스스로 클레이를 붙이고 나무 모형과 공룡도 함께해 화산처럼 꾸며줘요. 병에 베이킹소다를 넣고 주방세제와 빨간 물감이 미리 섞인 것을 넣어 섞어줘요. 그리고 식초가 담긴 약병을 아이가 넣어보도록 하면 화산이 폭발해요.

Smell it. 냄새 맡아봐.

The balloon is puffy[퍼피].
풍선이 부풀어.

Pour some vinegar[비니걸].
식초를 부어줘.

It's a volcanic eruption. Run away!
화산 폭발[볼케이노 이럽션]이다. 도망가!

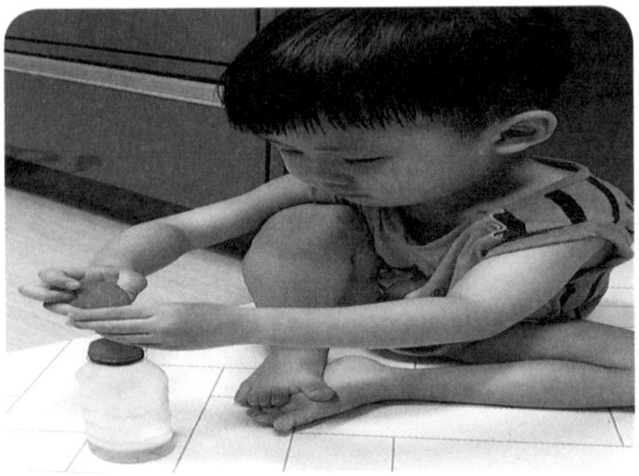

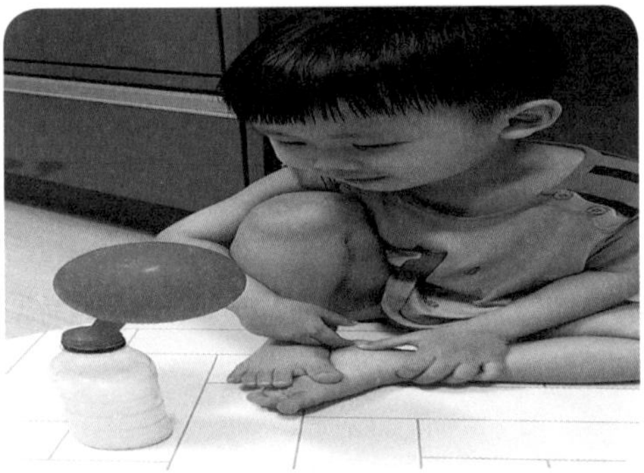

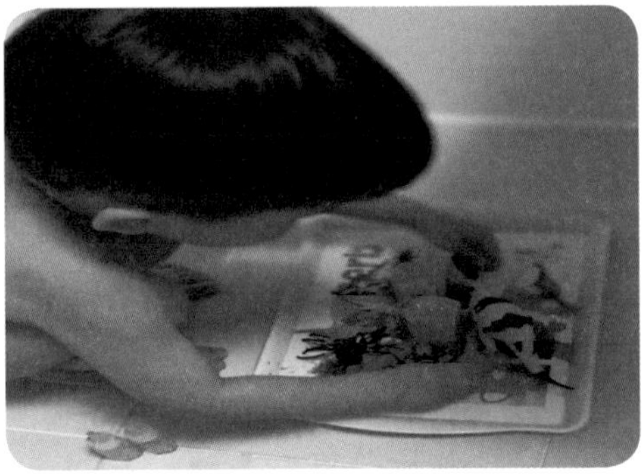

* 준비물 : 페트병, 식초, 깔때기, 베이킹소다, 풍선, 빨간 물감, 공룡

Let's speak

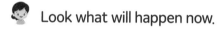

Smell it. What is it?	냄새 맡아봐. 이게 뭐지?
Vinegar.	식초요.
Yes. Can you pour some vinegar into the bottle and put some baking soda into this balloon?	맞아. 식초를 병에 붓고 베이킹소다를 이 풍선에 넣어볼래?
OK.	네.
Look what will happen now.	이제 무슨 일이 일어나는지 봐.
Wow. The balloon is growing.	와. 풍선이 커져요.
Yes. The balloon is puffy. Now, we will make a dino-world today. Can you make mountain with this?	그래. 풍선이 부풀어 오르지. 이제, 우리 공룡시대를 만들자. 이 클레이로 산을 만들 수 있어?
(Decorate dino-world)	(공룡시대 꾸미기)
Awesome! Now put some baking soda in the bottle. And detergent, and red paint here. Do you know what it is?	멋져! 이제 병에 베이킹소다를 넣어. 그리고 여기 세제와 빨간색 물감이 있어. 이게 뭔지 아니?
Water.	물이요.
No. Smell it. This is vinegar. Pour some vinegar now.	아니야. 냄새 맡아봐. 이건 식초야. 식초를 부어봐.
Wow.	와.
It's a volcanic eruption. Run away!	화산 폭발이다. 도망가!

과학 08

얼음 속 친구들을 구해줘

하루 전 미리 얼음 큐브에 동식물, 곤충 등을 넣어 얼려놓고, 아이에게 다양한 방법으로 친구들을 빨리 구할 수 있도록 해요. 얼음이 녹는 다양한 방법(숟가락으로 깨기, 분무기나 물총을 이용하기, 뜨거운 물 붓기 등)을 직접 알아갈 수 있어요.

How can you save **them?**
이 친구들을 어떻게 구해줄 수 있을까?

By melting **the ice.** 얼음을 녹여요.

I save elephant, hippo, rhino, dinosaur, butterfly.
제가 코끼리, 하마, 코뿔소, 공룡, 나비를 구했어요.

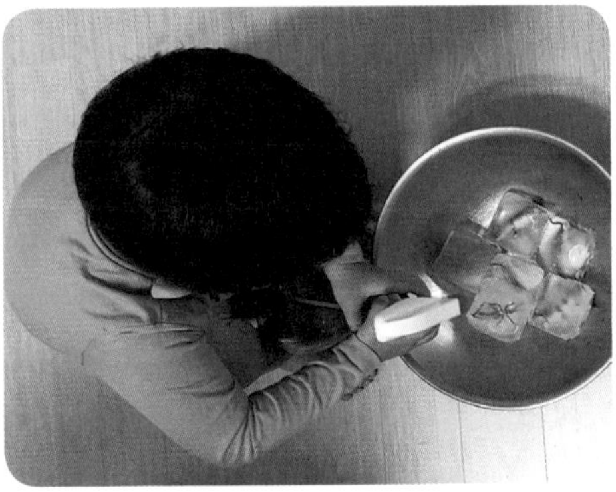

* 준비물 : 얼음 큐브, 작은 장난감

Let's speak

There are animals, dinosaurs, and insects in the ice.	얼음 속에 동물, 공룡, 곤충들이 있어.
What animals?	무슨 동물이요?
Well, let's break the ice and see what animals, dinosaurs, and insects.	글쎄, 얼음을 깨서 무슨 동물, 공룡, 곤충인지 보자.
OK.	네.
How can you save them?	이 친구들을 어떻게 구해줄 수 있을까?
By melting the ice.	얼음을 녹여요.
Yes. How can you melt the ice? Will you use the spoon?	그래. 어떻게 녹일 수 있지? 숟가락을 사용해볼까?
Yes. (Use spoon) I can't.	네. (숟가락 사용) 못하겠어요.
Then, will you use the water gun?	그럼, 물총을 사용해볼까?
Yes. (Use water gun) It's really hard.	네. (물총 사용) 이것도 힘들겠는데요.
Then, will you pour hot water? But, you should be very careful.	그럼, 뜨거운 물을 부어볼까? 대신, 아주 조심해야 해.
Okay. (Pour hot water) Wow. I save elephant, hippo, rhino, dinosaur, butterfly.	네. (뜨거운 물 붓기) 와. 제가 코끼리, 하마, 코뿔소, 공룡, 나비를 구했어요.

과학 09 로켓 발사

Sunny Scribens의 《Space song rocket ride》는 우주에 관한 책인데 노래도 신나게 부를 수 있고 그림이 너무 흥미로운 책이에요. 10, 9, 8, … 3, 2, 1 Blast off! 책을 읽은 후 함께 로켓을 만들어봐요. 비타민 통에 발포비타민 1개를 넣고 탄산음료를 넣어 뚜껑을 닫아주면 로켓이 발사되요. 사람이 많지 않은 실외에서 하면 더 안전하고 아이들이 즐거워해요.

Let's make a rocket!
로켓을 만들어보자!

Drop in the fizzy[피지] vitamins.
발포비타민을 떨어뜨려봐.

5, 4, 3, 2, 1 Blast[블레스트] off!
5, 4, 3, 2, 1 발사!

* 준비물 : 발포비타민, 탄산음료

Let's speak

Do you know what it is? 이게 뭘까?

Vitamin! 비타민이요!

Yes. They are fizzy vitamin tablets.
Let's make a rocket!
맞아. 발포비타민이야.
우리 로켓을 만들어보자!

Yeah! Rocket! 좋아요! 로켓!

First, pour some coke in this bottle. Then, drop in the fizzy vitamins. Let's see what will happen.
먼저, 비타민 병에 콜라를 부어.
그다음, 발포비타민을 넣어.
무슨 일이 일어나는지 보자.

(Together) 5, 4, 3, 2, 1 Blast off! 5, 4, 3, 2, 1 발사!

One more time, please! 한 번 더 할래요!

과학 10

개구리 알 만들기(물과 기름)

Ready, set, create 시리즈 중 《The frog prince》를 읽고, 개구리의 일생을 함께 익혀 eggs, tadpoles, froglet, frog가 되는 과정을 붙여보도록 해요. 페트병에 식용유를 조금 넣고 약병에 다양한 색의 물을 준비해줘요. 기름에 물을 부으면 개구리 알처럼 만들어져 아이가 너무 좋아해요. 이후에 개구리 그림을 그려 개구리 피리도 만들고, 개구리 낼름 혀로 아빠가 영어로 말하는 신체 부위를 터치하도록 해요.

How to be **a frog?**
어떻게 개구리가 되지?

Egg, tadpole, froglet. Then frog!
알, 올챙이, 새끼 개구리. 그리고 개구리가 돼요!

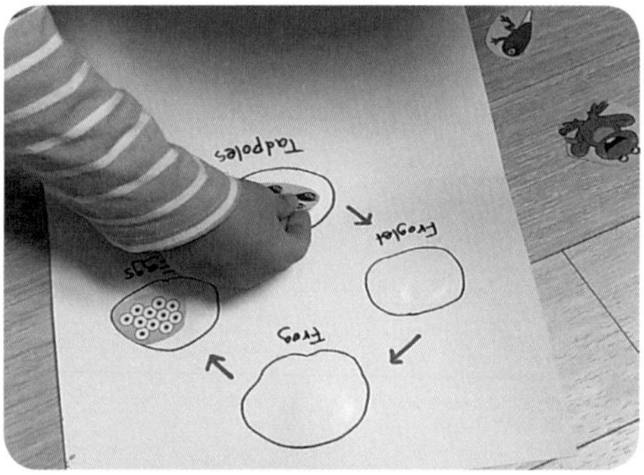

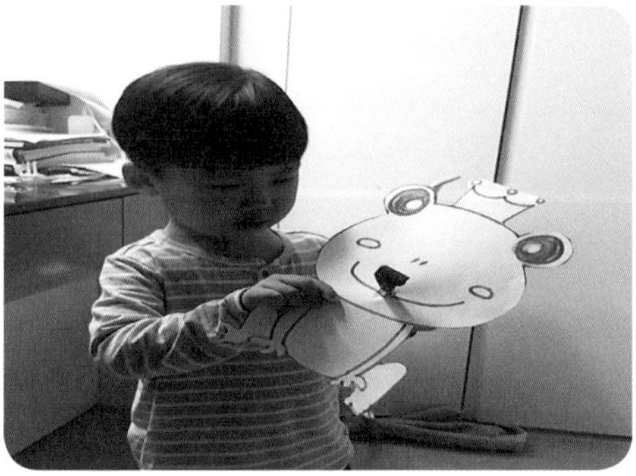

* 준비물 : 페트병, 식용유, 물감, 약통, 개구리 그림, 피리

Let's speak

Who is he?	이거 뭐지?
A frog!	개구리요!
Good! Then, how to be a frog? First?	좋아! 그럼, 어떻게 개구리가 되지? 먼저?
Egg, tadpole, froglet. Then frog!	알, 올챙이, 새끼 개구리. 그리고 개구리가 돼요!
Excellent! Let's make some frog's eggs, or spawn together. Can you pour some oil here?	훌륭해! 그럼 우리 개구리 알을 만들어보자. 여기에 식용유를 약간 부어줄래?
(Pour oil)	(식용유 붓기)
This is colored water. Drop some water, then you can see frogs' eggs.	이건 색깔 물이야. 물을 조금씩 떨어뜨리면, 개구리 알들이 보일 거야.
Wow. Lots of frogs' eggs. It's really fun.	와. 개구리 알이 아주 많아요. 재밌어요.
Then, let's make a frog tongue. Mommy drew a frog. Put his tongue into the mouth and blow it.	이제, 개구리 혀를 만들자. 엄마가 개구리를 그렸어. 개구리 입에 혀(피리)를 넣고 불어봐.

엄마와 함께 집콕 영어놀이

PART 5

요리를 이용한 엄마표 영어

요리 01 Magic Box

상자 안 물건 맞추기 놀이를 통해 자연스럽게 모양, 촉감에 대한 표현과 물건 이름들을 영어로 익힐 수 있어요.

What does it feel like?
느낌이 어때?

Close your eyes! 눈 감아봐!

Feel this object.
이 물건 촉감을 느껴봐.

***모양**: circle/round(둥근), square(정사각형), rectangle(직사각형), oval(계란형), triangle(세모), flat(평평한)

***촉감**: bumpy(울퉁불퉁), slippery(미끈미끈), hard(단단한), rough(거친), sharp(날카로운), smooth/soft(부드러운), cold(차가운), warm(따뜻한)

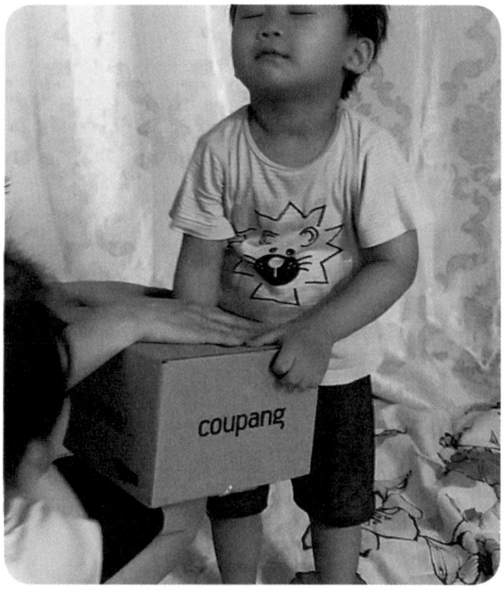

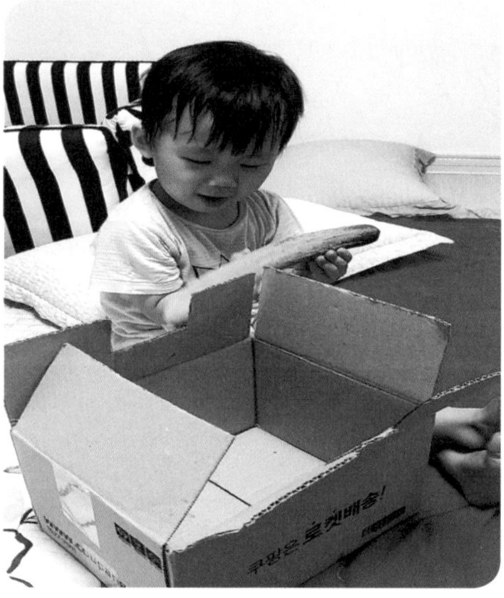

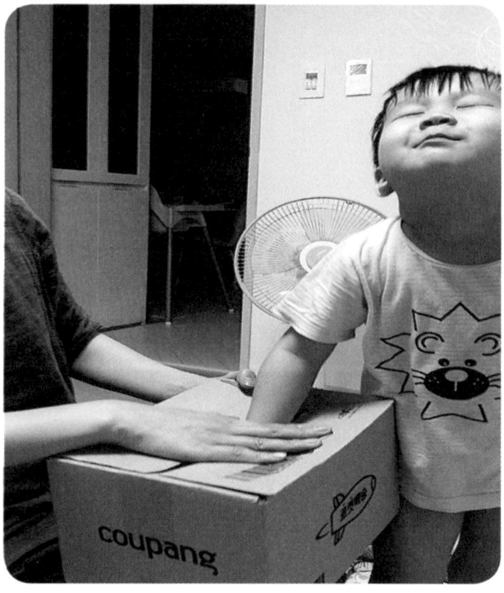

* 준비물 : 상자, 각종 물건

Let's speak

What does it feel like?	느낌이 어때?
It's soft.	부드러워요.
Then, what's the shape?	그럼, 무슨 모양이지?
It's a circle.	동글해요.
Let's play a game to find out. I'll put one object in the box. Don't look! Close your eyes! Feel the object. What does it feel like?	이제 물건 맞추기 게임을 해보자. 엄마가 박스에 물건을 넣을게. 보면 안 돼! 눈 감아! 촉감을 느껴봐. 느낌이 어때?
It's cold, hard, bumpy, and round.	차갑고, 딱딱하고, 울퉁불퉁하면서 동글해요.
Say what you think the object is.	네가 생각하는 이 물건을 말해봐.
I think it's a cucumber.	제 생각엔 오이 같아요.
Excellent! Let's play the game with another object.	잘했어! 그럼 다른 물건을 해보자.

요리 02 Making Faces

과자로 친구의 얼굴을 만들어보며 창의성을 기르고 교우관계에 대해 자연스럽게 대화해요. 과자로 만든 친구들 얼굴을 통해 눈, 코, 입, 귀, 이마, 눈썹, 손 등을 영어로 익히고, 누가 서로의 생김새를 더 빨리 터치하나 게임을 통해 엄마와 교감해요.
Denise Fleming의 《Go, Shapes, Go!》를 읽은 후 하면 더 좋아요.

Let's make friends' faces.
친구 얼굴을 만들어보자.

Touch ___________!
 # face, eyebrows, eyes, nose, mouth, ears, neck, hand, arm, teeth, hair
얼굴, 눈썹, 눈, 코, 입, 귀, 목, 손, 팔, 이(이빨), 머리카락

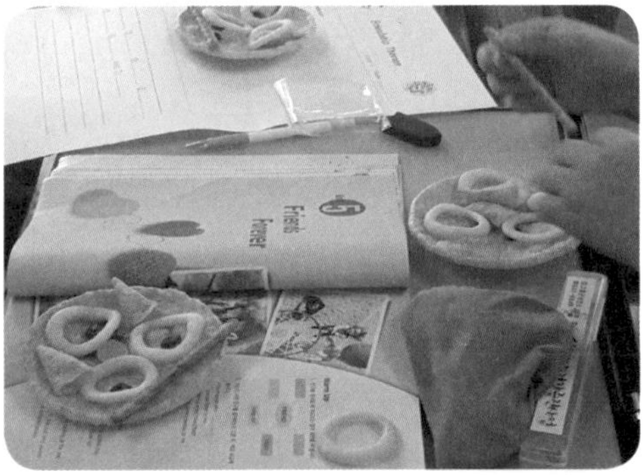

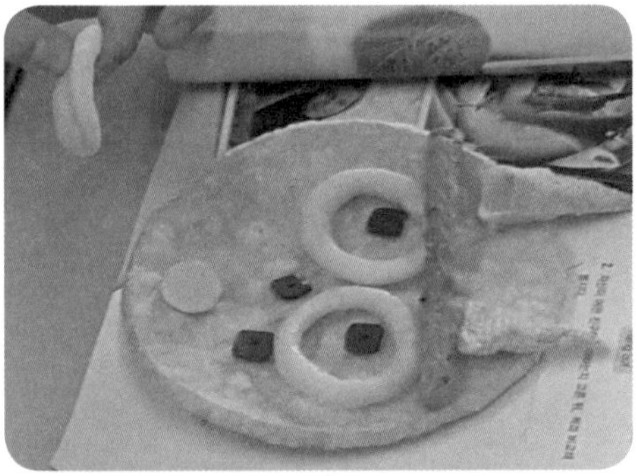

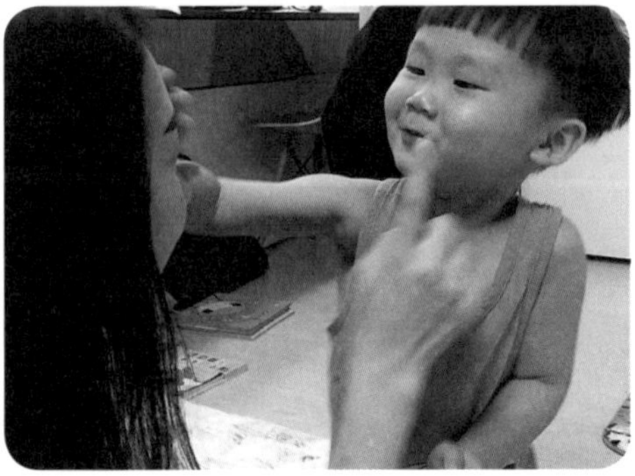

* 준비물 : 큰 뻥튀기, 다양한 모양 과자

Let's speak

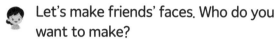

Let's make friends' faces. Who do you want to make?	친구 얼굴을 만들어보자. 누구 만들고 싶니?
(Friend's name)	(친구 이름)
Okay. Mommy will make daddy's face. Let's make them! What are the CIRCLEs in your friend's face?	좋아. 엄마는 아빠 얼굴 만들 거야. 자, 만들어보자! 네가 만든 친구 얼굴 중 동그라미는 뭐가 있을까?
Face, eyes, glasses, and ears.	얼굴, 눈, 안경, 귀요.
What's the TRIANGLE on your friend's face?	친구 얼굴 중 세모는 뭐가 있을까?
Nose and eyebrows.	코와 눈썹이요.
What's the RECTANGLE in your friend's body?	친구의 몸 중에 네모는 뭐가 있을까?
Mouth and arms.	입이랑 팔이요.
Excellent! Now, let's play the game. We will touch our partner's part of face. Daddy will say it.	잘했어! 이제, 게임해보자. 아빠가 얼굴의 한 부분을 부르면 서로를 빨리 터치해야 해.
Yes.	네.
Eyebrows, eyes, nose, mouth, ears, neck, hand, arm, teeth!	눈썹, 눈, 코, 입, 귀, 목, 손, 팔, 이(이빨)!

요리 03 음식 맛보기

엄마와 목표점까지 숟가락으로 음식 나르기 시합을 하면서 자연스럽게 음식을 영어로 익혀요. 그다음에는 눈을 수건으로 가리고 여러 가지 음식을 맛보면서 다양한 음식과 맛에 대해 이야기해봐요.

There's a goal over there.
저기가 목표점이야.

Don't spill the food.
음식을 흘리면 안 돼!

Can you guess? What's inside?
뭔지 맞춰볼래? 안에 뭐지?

Is it salt/bitter/sweet/sour/spicy?
짜/써/달아/셔/매워?

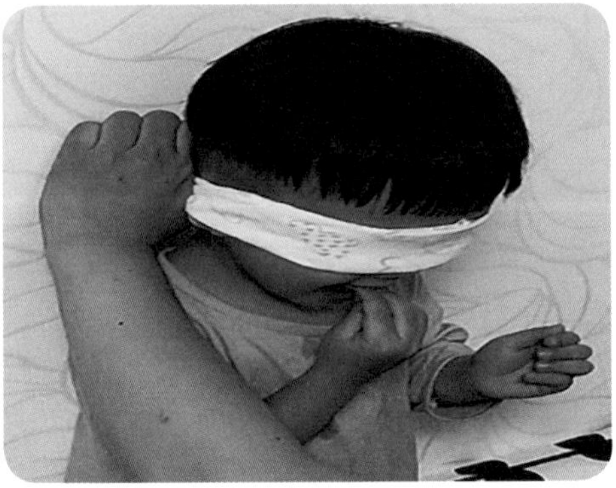

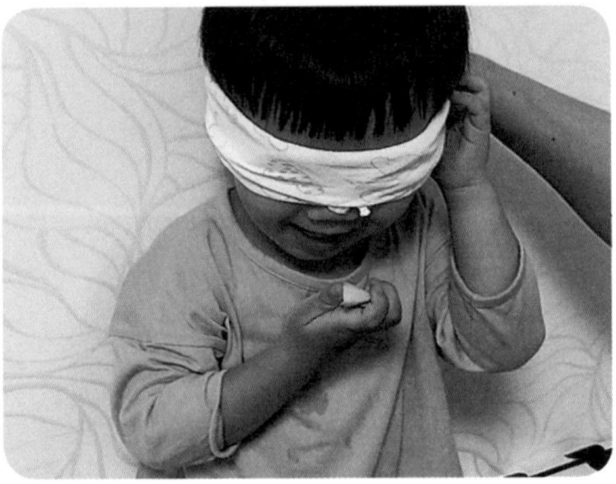

* 준비물 : 숟가락, 수건, 각종 음식

Let's speak

What is it?
이건 뭘까?

(Bean, rice, tomato, jelly, water)
(콩, 쌀, 토마토, 젤리, 물)

There's a goal over there. Whoever goes to the goal first, will win! But don't spill the food.
저기가 목표점이야. 목표점에 먼저 갔다 돌아오는 사람이 이기는 거야! 하지만 음식을 흘리면 안 돼.

Let's go!
출발!

Oh, you won! Now, I'll cover your eyes. You can just taste some food and guess the food. Can you guess? What's inside?
오, 네가 이겼네! 이제, 눈을 가릴 거야. 음식을 맛보고 뭔지 맞춰봐. 뭘까? 안에 뭐가 들었지?

(Cover eyes and taste some food) Some fruits, vegetables, salt, vitamin, or dark chocolate.
과일, 야채, 소금, 비타민, 다크초콜릿.

Is it salty/bitter/sweet/sour/spicy?
짜/써/달아/셔/매워?

요리 04 야채 & 과일 찍기

집에 있는 다양한 야채와 과일들을 동그라미, 세모, 별, 하트 등의 모양으로 조각내거나 모양 그대로를 이용해 새로운 곤충, 꽃 등을 만들어보게 해요. 도구를 이용해 찍고 난 후, 아이의 손과 발도 직접 찍게 하면 훨씬 신나 해요.

Vegetables **and** fruits.
: potato, cucumber, radish, apple, orange (carrot, onion, corn)
채소, 과일 : 감자, 오이, 무, 사과, 오렌지 (당근, 양파, 옥수수)

Paint with your hands/feet**!**
손/발로 색칠하자!

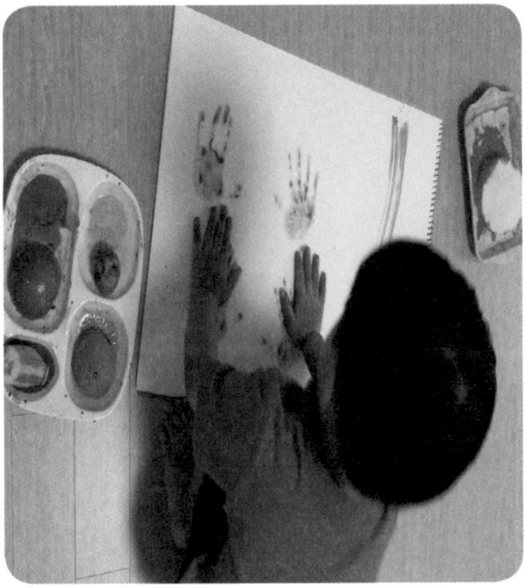

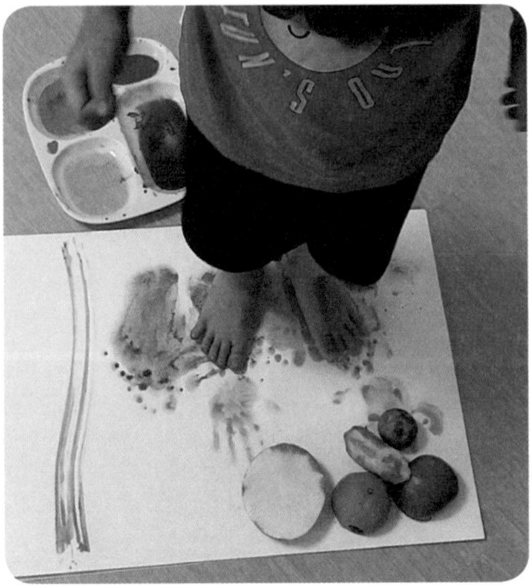

* 준비물 : 물감, 각종 야채, 과일

Let's speak

Let's paint with vegetables and fruits.	채소랑 과일로 색칠해보자.
Vegetables, fruits?	채소, 과일?
Yes. What's this?	그래. 이건 뭐지?
A potato!	감자요!
That's right. Then, what is it?	맞아. 그럼, 이건?
A cucumber!	오이!
Good! This is?	그렇지! 이건?
A radish!	무!
Excellent! These are vegetables. And do you know what fruits are here?	잘했어! 이것들이 채소야. 그리고 여기서 과일은 뭘까?
An apple and an orange.	사과랑 오렌지요.
Very good! Let's draw them!	좋아! 그럼 이것들로 그려보자!
Yeah! I like an apple.	와! 전 사과가 좋아요.
Red apple. Yellow potato.	빨간 사과. 노란 감자.
Can I paint with my hands?	제 손으로 색칠해도 돼요?
Sure! Paint with your feet!	물론이지! 네 발로도 색칠해봐!

요리 05 Bee & Snail

Audrey Wood의 《Quick as a cricket》 중 as busy as a bee, as slow as a snail 부분을 읽은 후 바나나로 벌과 달팽이를 만들고 모양과 다양한 곤충을 익혀요.

What shape is this?
이건 무슨 모양이지?

Roll over. 굴려봐.

dried seaweed 김

곤충 신체 - **body**(몸통), **wings**(날개), **eyes**(눈), **snail shell**(달팽이 껍질)

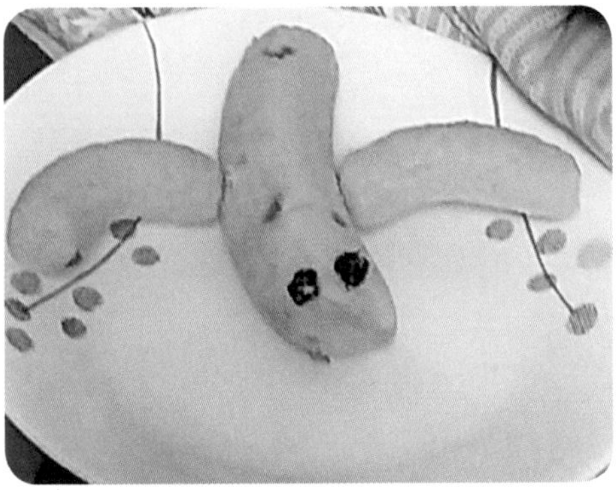

* 준비물 : 바나나킥, 바나나, 초코펜, 김, 밥, 토마토, 이쑤시개

Let's speak

What shape is this?	이건 무슨 모양이지?
Well, it's long and round.	음, 길고 둥글어요.
Yes, this is a bee and a snail's body. A long and round body. Then, what shape is this?	맞아, 이건 벌과 달팽이의 몸통이야. 길고 둥근 몸통. 그럼, 이건 무슨 모양이지?
It's a circle.	원형이요.
That's right. These will be a bee's wings. Now, let's make a bee. Will you peel the banana, please?	그렇지. 이건 벌의 날개가 될 거야. 이제, 벌을 만들어보자. 바나나 껍질을 벗겨줄래?
Yes, mom.	네, 엄마.
Put these snacks into the banana to make the wings. Now, let's draw the bee's eyes using this chocolate pen.	이 과자들을 바나나에 꽂아 날개를 만들어보자. 이제, 초코펜을 이용해 벌의 눈을 그려보자.
Wow, look! This is a bee!	와, 보세요! 벌이에요!
Yes, it's beautiful! Let's fly to the sky!	그래, 정말 아름답다! 이제 하늘에 날려보자!
Now, let's make a snail with this banana, too. Put a sheet of dried seaweed and rice, then roll it over like making Kimbab. This will be a snail's shell. What shape is this?	이제, 이 바나나로 달팽이도 만들어보자. 김 한 장과 밥을 놓고, 김밥처럼 말아봐. 이건 달팽이 등에 껍질이 될 거야. 무슨 모양이지?
It's a circle.	원형이요.
Very good! Now, cut this tomato half. This will be the snail's eyes. Ta-da!	잘했어! 이제, 토마토를 절반으로 잘라. 이건 달팽이 눈이 될 거야. 짜잔!
Oh, this is a snail.	와, 달팽이다.

요리 06 애호박 보트(Zucchini/Squash boat)

애호박 속을 파내고 다양한 야채를 썰어 넣어 토마토소스와 치즈를 올리고 오븐에 넣으면 애호박 보트가 완성돼요. 편식하는 아이도 피자 같고 배 모양이라 즐겁게 먹어요.

Cut the squash in half with a knife.
애호박을 칼로 절반 자를 거야.

Can you scoop out the zucchini with a spoon? 애호박을 숟가락으로 파내줄래?

Spread tomato sauce and cheese over there. 토마토소스와 치즈를 뿌려.

I can't wait! 너무 기대돼요!

Try it. 한번 먹어봐.

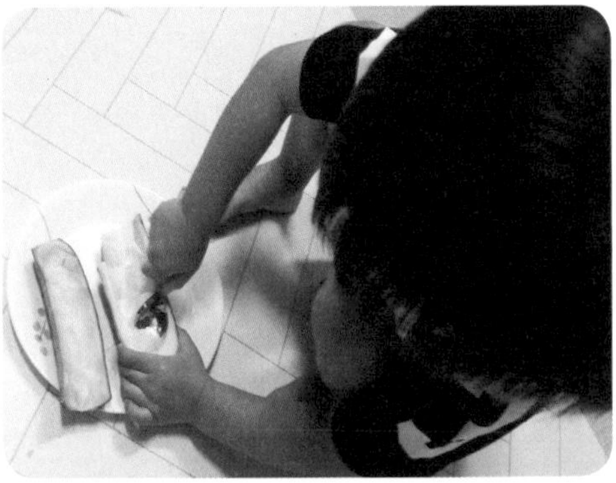

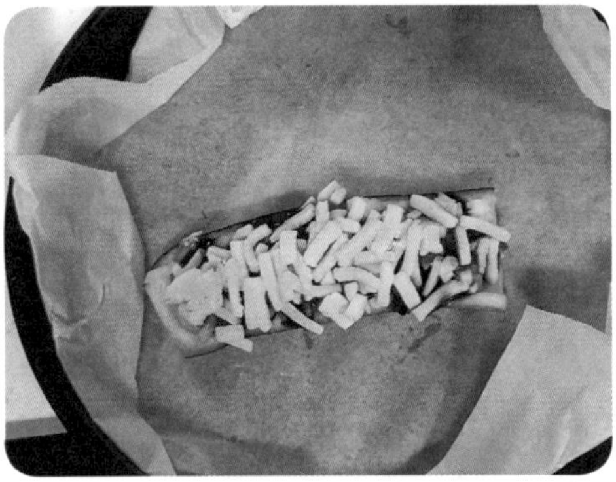

* 준비물 : 애호박, 칼, 숟가락, 케첩, 각종 야채, 치즈

Let's speak

Do you know what it is?	이게 뭔지 아니?
A zucchini.	애호박이요.
That's right. A zucchini or squash. We'll make a squash boat today.	맞아. 주키니 또는 스쿼시라고 해. 우린 오늘 애호박 보트를 만들 거야.
A boat? Wow!	보트요? 와!
We will cut the squash in half with a knife first. Then, can you scoop out the zucchini with a spoon?	먼저 애호박을 칼로 절반 자를 거야. 그다음, 애호박 안을 숟가락으로 파내줄래?
Scoop out the zucchini like this?	이렇게 애호박을 파내요?
Yes, thank you. I'll cut the onions, squashes, carrots, and ham. Let's put these in the zucchini.	맞아, 고마워. 엄마가 양파, 애호박, 당근, 그리고 햄을 썰게. 이제 이것들을 애호박에 넣자.
Done!	다 했어요!
Spread tomato sauce and cheese over there.	토마토소스와 치즈를 위에 뿌려.
Done!	다 했어요!
Good. Let's put it in the oven.	좋아. 이제 오븐에 넣어보자.
I can't wait!	참을 수가 없어요! (너무 기대돼요)
Finish the zucchini boat! Here's a flag. Put a flag in the boat.	애호박 보트 완성! 여기 깃발이 있어. 깃발을 보트에 꽂아봐.
I like a pink flag.	전 분홍 깃발이 좋아요.

요리 07 김밥 만들기

재료를 준비해주고 아이가 스스로 김밥을 싸도록 하면 편식도 하지 않고 재료도 영어로 금새 익힐 수 있어서 좋아요.

Pour some sesame oil and salt into the rice, then mix it.
참기름 붓고 밥에 소금 조금 넣은 다음, 섞어.

ingredients : **crab meat, pickled radish, ham, tuna, corn, carrot, egg**
재료 : 맛살, 단무지, 햄, 참치, 옥수수, 당근, 계란

Roll over. Let's try it.
말아보자. 먹어봐.

* 준비물 : 김, 밥, 소금, 참기름, 김밥 재료

Let's speak

Let's make Kimbab together. Pour some sesame oil and salt into the rice, then mix it.

우리 김밥 만들자. 참기름 붓고 밥에 소금 조금 넣은 다음, 섞어.

Mix mix.

섞어 섞어.

Good job. Put out a sheet of seaweed. Spread out the rice. You can put any ingredients on it now.

잘했어. 김 한 장을 깔아. 밥을 펴봐. 이제 아무 재료나 넣어도 돼.

I like crab meat, pickled radish, ham, tuna, corn, carrot, and egg.

저는 맛살, 단무지, 햄, 참치, 옥수수, 당근, 계란이 좋아요.

Now, roll over, roll over. Let's try it.

이제, 말아보자. 먹어봐.

Wow, it's delicious.

와, 맛있어요.

요리 08 과자 집/과자 자동차

한글이나 영어로 된 《헨젤과 그레텔》을 읽고 아이와 함께 과자 집, 그보다 더 쉬운 과자 자동차도 만들면 아이가 즐거워해요.

Stack up the brownies and spread the jam.
오예스를 쌓아 올리고 잼을 발라요.

make a ______________
roof(지붕), wheels(바퀴), door(문), chimney(굴뚝)

Ingredients(재료) : 오예스, jam, snacks

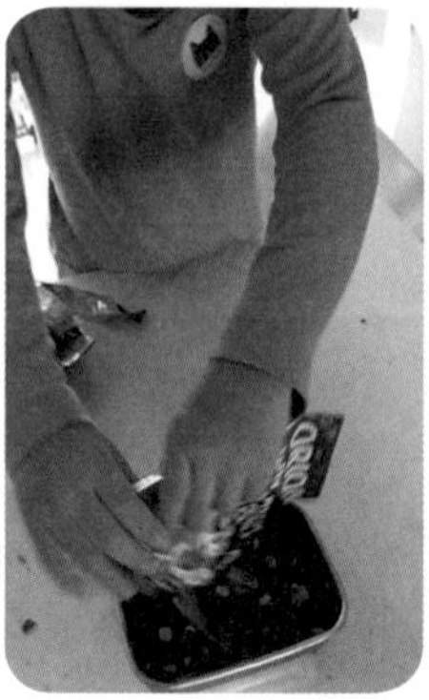

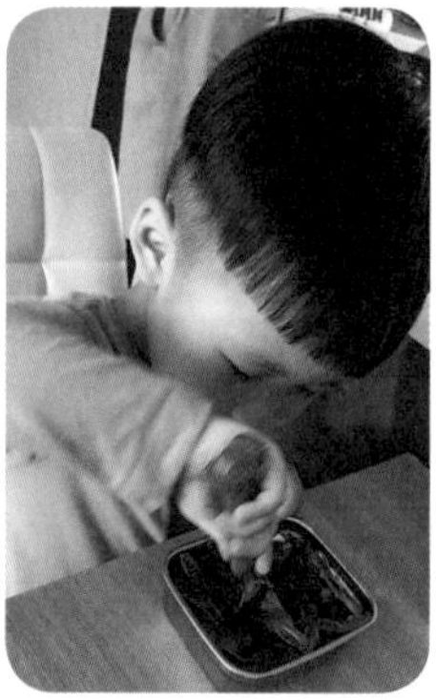

* 준비물 : 각종 과자(오예스), 잼, 미쯔, 왕꿈틀이

Let's speak

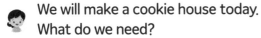

We will make a cookie house today. What do we need?
오늘 우리 과자 집 만들 거야. 뭐가 필요할까?

Snacks and strawberry jam.
과자랑 딸기잼이요.

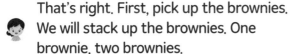

That's right. First, pick up the brownies. We will stack up the brownies. One brownie, two brownies.
맞아. 우선, 오예스를 집어봐. 오예스를 쌓을 거야. 하나, 둘.

OK, mom.
네, 엄마.

We will spread the strawberry jam here. Now, cut both corners to make a roof. And stack again.
Ta-da! We made our house! Now, let's decorate it with some snacks! Put these onto the brownies.
여기에 잼을 바를 거야. 이제, 양쪽 모퉁이를 잘라 지붕을 만들자. 그리고 또 쌓아보자. 짜잔! 우리가 집을 만들었어! 이제, 과자들로 꾸며보자! 과자들을 오예스에 꽂아봐.

Wow, it looks beautiful!
와, 정말 이쁘다!

Making a garden

1. Put some wafers and stack them to make the garden.
   웨하스를 몇 개 넣고 쌓아서 정원을 만들어요.

2. Crush Oreos and spread them on the garden.
   오레오를 부숴 정원 위에 뿌려요.

3. Put jellies for worms and chocolates for rocks.
   젤리 벌레와 초콜릿 돌을 놓아요.

요리 09 계란껍질 치아

아이가 자주 먹는 유아음료, 탄산음료, 물 등을 계란껍질이 든 컵에 붓고, 계란껍질을 우리 치아라고 생각하라고 말해준 후 3일 정도 지켜봐요. 물에 든 계란을 제외하고는 껍질이 이상해지고, 콜라에 든 계란은 변색이 될 거예요. 그러면 양치와 관련된 책을 읽고 아이와 함께 양치의 중요성을 얘기해봐요.

If you drink coke, soda, or juice and just sleep, then your teeth will hurt.
네가 콜라, 소다, 주스 등을 마시고 잠들어버리면, 네 이가 아플 거야.

Your teeth will rot, change color, and have to go to the scary dentist.
이가 썩고, 색이 변하고, 결국 무서운 치과에 가야 해.

Brush my teeth 이를 닦다

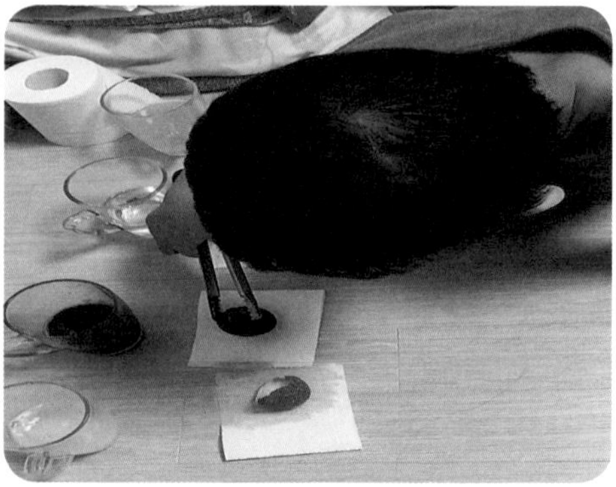

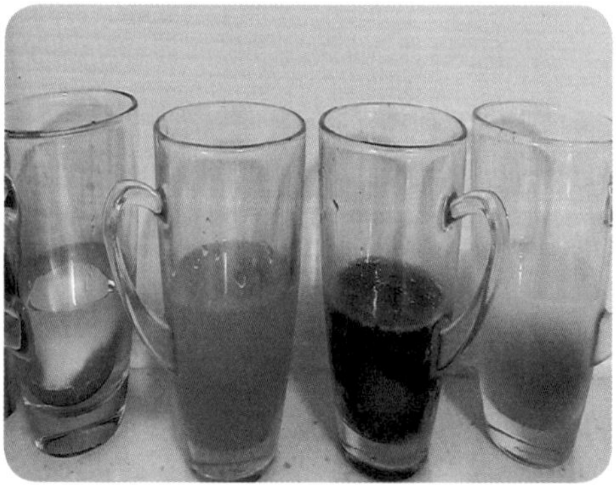

* 준비물 : 각종 음료, 물, 계란껍질

Let's speak

Do you know what it is?	이게 뭔지 아니?
An eggshell.	계란껍질이요.
Yes. Can you pour some water, soda, and coke here?	맞아. 물, 소다, 콜라를 여기에 부어볼래?
Sure.	네.
Now, we'll show how to change the eggshells. The eggshells are like our teeth. If you don't brush your teeth and just sleep, then what will happen to your teeth? We will show them 3 days later. (3 days later) Let's see what happened to the eggshell!	이제, 계란껍질이 어떻게 변하나 보자. 계란껍질은 우리 이(이빨)와 같은 거야. 만약 이를 닦지 않고 잠들면, 어떻게 될까? 3일 뒤에 같이 보자. (3일 후) 이제 계란껍질에 무슨 일이 일어났나 보자!
Yeah! I will pick them out. Eww. The coke eggshell is black.	와! 제가 꺼내볼게요. 으. 콜라에 들어 있던 계란껍질이 까매졌어요.
Yes. If you drink coke, soda, or juice and just sleep, then your teeth will hurt. Your teeth will rot, change color, and you'll have to go to the scary dentist.	맞아. 네가 콜라, 소다, 주스 등을 마시고 잠들어버리면, 네 이가 아플 거야. 이가 썩고, 색이 변하고, 결국 무서운 치과에 가야 해.
I will brush my teeth every night!	저 매일 저녁 이 닦을래요!

요리 10 케이크 만들기

베이킹 도구 없이 아주 간단하게 케이크를 만들어봐요. 카스텔라 또는 치즈케이크 빵을 준비하고 바나나를 아이가 으깨 빵 위에 바르도록 해요. 빵 하나를 더 올리고 생크림을 골고루 발라 케이크 위를 아이가 꾸미도록 해요. 그러고 나면 집에 있는 양초를 꽂고 후!

Wash our hands.　　손 씻자.

Can you mash the bananas?
바나나를 으깨볼래?

Put some bread here, and spread the cream.
빵을 올리고, 이제 크림을 바르자.

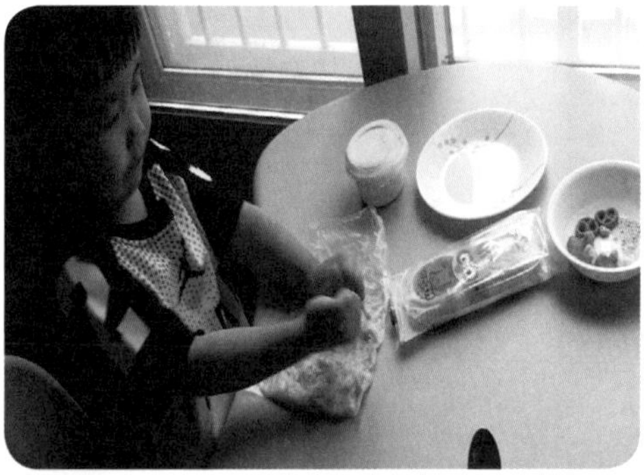

* 준비물 : 카스텔라 빵(치즈케이크 빵), 바나나, 생크림, 양초

Let's speak

Do you want to make a cake?	케이크 만들고 싶니?
Yes.	네.
OK. Then what do we do first?	좋아. 그럼 뭐 먼저 해야 하지?
Wash our hands.	손 씻기요.
OK. Let's make a cake. First, put the bread on the plate. Then, can you mash the bananas?	그래. 이제 케이크를 만들자. 먼저, 접시에 빵을 올려봐. 그다음, 바나나를 으깨볼래?
Mash mash! I'm done.	으깨자 으깨! 다 했어요.
Good. Can you spread the banana over there?	좋아. 여기에 바나나를 발라줄래?
Spread the banana, like this?	바나나를 바르고, 이렇게요?
Yes. Then you put one more bread here, and spread the cream now.	응. 이제 여기에 빵 하나를 더 올리고, 크림을 바르자.
Spread the cream.	크림을 바르고.
You can decorate your cake. You can sprinkle toppings(rainbow sprinkles), and put some jellies, or snacks on it too.	네 케이크를 꾸며봐. 토핑(스프링클)을 뿌리고, 젤리, 과자도 올려.
Wow. It's really fun. Finished!	와. 진짜 재밌어요. 다 했어요!
Let's sing the happy birthday song.	이제 생일 축하 노래를 불러보자.
(Happy birthday to you) Whoo! One more time, mommy!	후! 한 번 더 할래요, 엄마!
Let's eat your cake together.	이제 네 케이크를 같이 먹어보자.
Um. Yummy yummy!	음. 맛있다!

요리 11 마시멜로 탑 쌓기 & 스모어

1. 스파게티 면과 마시멜로로 높은 탑을 쌓아요. 집중력과 두뇌 회전에 도움이 돼요. 어린 유아는 이쑤시개와 마시멜로(아이클레이)가 훨씬 쌓기에 쉬워요.
2. 마시멜로를 이용해 미국/캐나다 캠핑 간식으로 유명한 스모어(S'MORE)를 만들어봐요. 크래커에 초콜릿, 마시멜로를 올려 오븐이나 전자레인지에 4분 정도 돌리면 끝! ABC초콜릿에는 알파벳도 있으니 얘기해봐요. 간단하면서도 맛있어서 아이가 좋아해요.

We will build the tallest building.
가장 높은 건물을 세워보자.

I'm so proud of you.
네가 정말 자랑스러워.

Put them in the oven for 4 min.
4분간 오븐에 넣어.

* 준비물 : 마시멜로, 스파게티 면, 초콜릿, 크래커

Let's speak

We will build the tallest building out of 10 sticks of spaghetti and some marshmallows.	우리 스파게티 면 10개랑 마시멜로로 가장 높은 건물을 세워볼 거야.
OK.	좋아요.
Let's start with marshmallows to make the ground.	마시멜로로 기반(땅)을 만들자.
Ground?	기반(땅)이요?
Yes. Put the stick into the marshmallow and connect them to each other. And do it again like this.	응. 마시멜로에 면을 꽂아 서로 연결해. 이렇게 계속하면 돼.
Oh, it's a square/triangle/tower.	오, 정사각형/직사각형/타워 모양이에요.
That's right. Will you stop now?	맞아. 이제 그만 세울까?
Yes.	네.
OK. Ta-da! It's a beautiful and tall building. I'm so proud of you. Now, let's make some S'more.	좋아. 짜잔! 크고 예쁜 건물이야. 네가 자랑스럽다. 이제, 스모어를 만들어보자.
S'more?	스모어요?
Yes. It's a snack in America and Canada. It's really sweet, so many people say "some more". Then, we call 'S'more' now. First, get some crackers. Then, put some chocolates and marshmallows on them. Now, you cover them with another cracker. Put them in the oven for 4 min.	응. 미국, 캐나다에 있는 과자야. 정말 맛있어서, 사람들이 "더 주세요(썸 모어)" 하지. 그래서, "스모어"라고 불려. 먼저, 크래커를 놓아. 그리고, 초콜릿과 마시멜로를 그 위에 올려. 이제, 다시 크래커로 덮자. 오븐에 넣고 4분 기다려.
Wow. It's really delicious.	와. 정말 맛있어요.

요리 12 Food Color Day

아이와 색깔 음식에 관한 책을 함께 읽고 색깔 음식의 날을 정해 하루 종일 선택한 색의 음식만 먹는 거예요. 우리 아이는 다행히 Yellow를 골라 카레, 계란, 보리차, 배, 감, 고구마도넛, 치즈볼 등을 먹었어요. 아이와 음식에 대해 아주 많은 생각을 하게 되는 날이 될 거예요.

What are some red foods?
빨간 음식은 뭐가 있을까?

What do you want to **eat for lunch?**
점심으로는 무엇을 먹고 싶니?

How about **curry?**
카레 어때요?

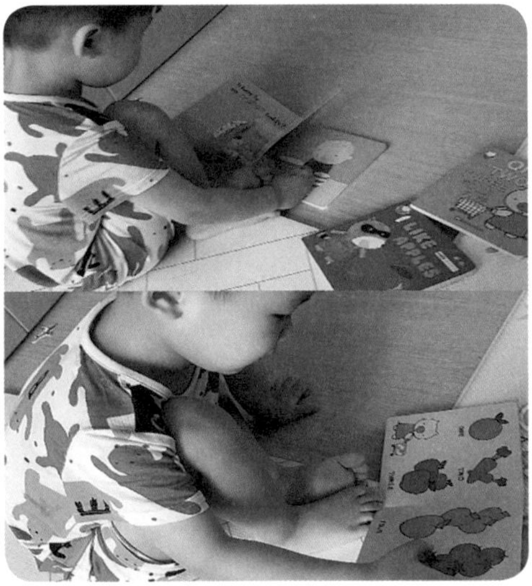

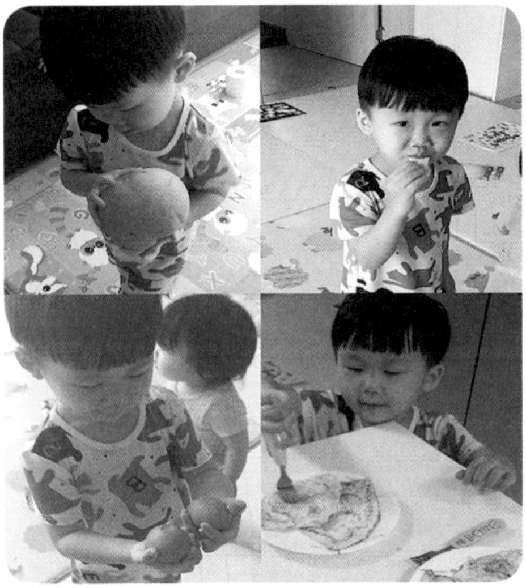

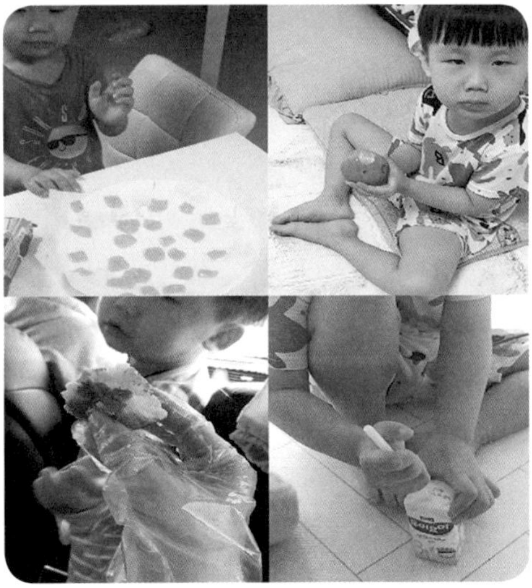

* 준비물 : 각종 색깔 음식들

Let's speak

What are some red foods?	빨간 음식은 뭐가 있을까?
Strawberries. Carrots. Tomatoes.	딸기. 당근. 토마토.
That's right. Today, we will choose one color and eat foods of that color. What color do you want?	맞아. 오늘, 우리가 색을 하나 골라 그 색깔 음식을 먹을 거야. 무슨 색을 원하니?
It sounds fun. I like yellow!	재밌겠는데요. 전 노란색이 좋아요!
OK. What food do you want to eat first?	좋아. 뭘 먼저 먹고 싶어?
I'm hungry. I want to eat a yellow egg.	배고파요. 저 노란 계란 먹을래요.
Great. Let's eat a fried egg. What do you want to eat for lunch?	좋아. 계란 프라이를 먹자. 점심으로는 뭘 먹을까?
How about curry? It's yellow.	카레 어때요? 노란색이에요.
Great idea. I will make curry and rice.	좋은 생각이야. 엄마가 카레밥 해줄게.
I want to eat a donut, mommy.	저 도넛 먹고 싶어요, 엄마.
OK. Then mommy will buy a yellow sweet potato donut. Is it okay?	그래. 그럼 엄마가 노란 고구마도넛 사올게. 괜찮아?
Yes.	네.
How was the yellow food day?	오늘 노란 음식의 날 어땠어?
It was really fun. I want to choose brown next time. I want to eat chocolate a lot.	재밌었어요. 다음엔 갈색 음식 할래요. 초콜릿을 많이 먹고 싶어요.

요리 13 Spider & Santa

오레오와 빼빼로로 거미를 만들고 모양과 다양한 곤충에 대해 익혀요.
딸기와 마시멜로로 산타할아버지를 만들고 할아버지의 수염, 선물 받을 때의 기분 등을 얘기해봐요.

Cut in half. 절반으로 잘라.

How many **spider's legs?**
거미 다리는 몇 개지?
거미 - **body**(몸통), **leg**(다리)

Peel **the banana.**
바나나 껍질을 벗겨요.

Cut the bananas in half. Put half a banana, one marshmallow, and one strawberry onto the stick.
바나나를 절반 잘라요. 스틱에 바나나, 마시멜로, 딸기를 순서대로 넣어요.

Draw eyes, nose, and mouth.
눈, 코, 입을 그려요.

What does he look like?
그는 어떻게 생겼지?

*** 표정 – happy, sad, surprise, angry, crying, sleep**

* 준비물 : 오레오, 빼빼로, 딸기, 마시멜로, 바나나, 초코펜, 막대

Let's speak

What shape is this?	이건 무슨 모양이지?
It's a circle.	원형이요.
Yes, this is a spider's body. Then, what shape is this?	맞아, 이건 거미의 몸통이야. 그럼, 이건 무슨 모양이지?
It's long and round.	길고 둥글어요.
That's right. These are long and round legs. How many legs does a spider have?	그렇지. 이건 길고 둥근 거미의 다리야. 거미 다리는 몇 개지?
1, 2, 3, 4. Four(4) and four(4). Eight(8) legs.	1, 2, 3, 4. 4개와 4개. 8개요.
Good! Then, how many eyes does a spider have?	맞아! 그럼, 거미 눈은 몇 개지?
Two(2)!	2개요!
Great! Let's make a spider. Will you cut these 4 sticks in half, please?	그렇지! 거미를 만들어보자. 이 4개 막대를 절반으로 잘라줄래?
Yes, mom.	네, 엄마.
Now, let's open the spider's body and put 8 legs into it. Cover the body. Put 2 eyes on it using chocolates.	이제, 거미 몸통(오레오)을 열어 다리 8개(빼빼로)를 놓아보자. 몸통(오레오)을 덮어. 이 위에 초콜릿으로 눈 2개를 올려놓자.
Wow, look! This is a spider!	와, 보세요! 거미예요!
Yes, it's a cute spider!	그래, 귀여운 거미네!

Let's speak

Do you know Santa? 산타 알지?

Yes. I like Santa. 네. 저 산타 좋아해요.

What does he look like? He is a grandpa who gives you? 어떻게 생겼지? 너에게 뭘 주는 할아버지지?

A gift! 선물이요!

That's right. And he has white hairy? Beard. 그렇지. (수염 그림으로 설명) 그리고 흰 털이 많지? 수염이야.

Beard. 수염.

What color hat is he wearing? 무슨 색 모자를 썼지?

Red! 빨간색이요!

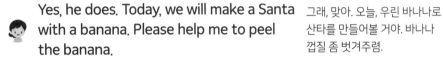

Yes, he does. Today, we will make a Santa with a banana. Please help me to peel the banana.
그래, 맞아. 오늘, 우린 바나나로 산타를 만들어볼 거야. 바나나 껍질 좀 벗겨주렴.

Okay, mom.
네, 엄마.

Now cut the banana in half, please. Yes, good! Pick a stick.
You put half a banana, one marshmallow, and one strawberry onto the stick.
이제 바나나를 절반으로 잘라줘. 그래, 잘했어! 꽂개를 집어봐.
이 꽂개에 바나나, 마시멜로, 딸기를 순서대로 꽂아봐.

Wow, it's a Santa.
와, 산타예요.

Yes, now let's make Santa's face. Put one chocolate onto the banana to make his nose. Now, draw his eyes and mouth.
그래, 이제 산타 얼굴을 만들자. 바나나에 초콜릿 하나를 꽂아 코를 만들어. 이제, 눈과 입을 그려보자.

Look at my Santa! He is crying. Haha.
제 산타 보세요! 울고 있어요. 하하.

아이와 함께하는 행복한 시간, 엄마도 함께 성장합니다

이 책 속의 활동을 통해 언제부터인가 아이가 엄마의 영어를 거의 이해하고 대답해주는 것이 처음에는 마냥 신기했습니다. 하지만 성인들도 내뱉지 못하는 단어나 문장을 아이가 거침없이 하는 것을 보고 저는 유아 영어에 대해 다시 생각해 보게 되었습니다. 그러던 어느 날 아이와의 활동을 책으로 옮겨봐야겠다는 생각에 이르렀습니다.

조기 영어에 대한 전문가들의 의견은 다양합니다. 저 역시 예전에는 늦게 시작해도 괜찮다는 입장이었습니다. 그런데 어느 정도 시간이 지나자 영어 교사인 엄마로서 기왕 할 거라면 일찍 시작하는 게 낫겠다는 마음에 영어로 대화를 시작했고, 기왕 노는 거 영어로 놀자고 생각했습니다.

이렇게 제가 아이와 함께하며 느낀 것이 있습니다. 조기 영어가 답이 아니라 부모와의 영어가 분명 효과가 있다는 것입니다. 아이는 부모와 함께 노는 시간을 그 어떤 시간보다 행복해합니다. 그래서일까요? 우리 아이는 영어로 엄마한테 말을 걸고 영어로 노래하는 것을 즐기게 되었습니다.

부모가 자신이 없어서 또는 영어 환경에 노출시키고자 아이를 학원이나 영어 유치원에 보냈는데 다행히 아이가 좋아하는 경우도 있었고, 아이가 거부해 초등학교에 가서도 영어를 싫어하거나 어려워하는 경우도 많이 보았습니다. 그런데 영어 유치원을 몇 년간 다닌 아이들도 솔직히 엄마표보다 효과가 크지 않다는 생각을 감히 하게 되었습니다. 우리 아이의 학습 스타일과 레벨을 그 누구보다 부모가 가장 잘 알기에, 길게 봤을 때 부모가 이끌어가는 것이 가장 빠른 지름길이 아닐까 생각해봅니다.

영어를 부담스러워하고 싫어하는 아이가 있다면 학원을 찾을 시간에 과감히 부모가 함께해보라고 말하고 싶습니다. 피곤한 날에는 영어로 된 유튜브를 시청하면 됩니다. 긴 시간은 독이 되겠지만 짧은 시청은 교육의 일종이니까요. 저는 주로 Steve and Maggie, Peppa Pig, Super Simple Songs 등을 이용합니다. 중요한 것은 부모의 칭찬과 부모와의 놀이, 부모와 함께하는 시간입니다. 아이들은 그에 따라 반응하고, 그 시간이 즐거우면 빠르게 흡수하니까요.

마지막으로 책을 출간하기까지 옆에서 저와 같은 마음으로 아이와 즐기고 가끔은 더 신나했던 남편에게 고마움을 표하고 싶습니다. 아울러 부모표 영어로 아이와 함께 부모도 매일 성장해가기를 기원합니다.

엄마와 함께 집콕 영어놀이

초판 1쇄 인쇄일 2020년 12월 15일
초판 1쇄 발행일 2020년 12월 25일

지은이 | 안지희
펴낸이 | 김진성
펴낸곳 | 벗나래

편　집 | 박부연
디자인 | 이은하
관　리 | 정보해

출판등록 | 2012년 4월 23일 제2016-000007호
주　　소 | 경기도 수원시 장안구 팔달로237번길 37, 303호(영화동)
대표전화 | 031) 323-4421
팩　　스 | 031) 323-7753
홈페이지 | www.heute.co.kr
전자우편 | kjs9653@hotmail.com

값 15,000원
ISBN 978-89-97763-39-9 (13740)